Arthur Miller

On ne sait qui admirer le plus chez Arthur Miller (1915-2005) : l'immense auteur des pièces de théâtre qui ont révolutionné la scène américaine, le défenseur intransigeant des justes causes ou l'homme qui épousa Marilyn Monroe. Né dans une famille d'immigrés juifs polonais, il déménage à Harlem avec ses parents lors de la crise de 1929, après une enfance passée à proximité de Central Park, expérience qui le marqua à jamais. À l'issue d'études laborieuses à l'université du Michigan durant lesquelles il écrit ses deux premières pièces, il décide de se consacrer au théâtre et connaît un premier succès tonitruant avec *Mort d'un commis voyageur*, qui rafle le prix Pulitzer et deux autres distinctions. *Les Sorcières de Salem* et *Vu du pont* contribueront à lui donner une célébrité internationale. Son amitié avec Elia Kazan lui vaut d'être condamné par la commission McCarthy pour ses sympathies de gauche (il sera acquitté en appel) et aussi de rencontrer Marilyn Monroe, qu'il épouse en 1956 (ils divorceront six ans plus tard). Son autobiographie, *Au fil du temps*, détaille ses rencontres avec les plus grands personnages du XXe siècle, de Kennedy à André Malraux, Steinbeck ou Tennessee Williams. Il a su conserver, tout au long d'une existence marquée par le succès et la gloire, une candeur tenace qui lui a forgé une figure de parfait honnête homme incarnant les meilleures valeurs de l'Amérique.

ils étaient
tous mes fils

arthur
miller

ils étaient tous mes fils

pièce en trois actes

adaptation française
de marcel duhamel

pavillons poche
robert laffont

Titre original : ALL MY SONS

ISBN 978-2-221-11488-9

Personnages
(par ordre d'entrée en scène)

FRANCK LUBEY.....	FRANÇOIS VALORBE.
JOE KELLER............	ANDRÉ GEVREY.
Dr JIM BAYLISS.....	JEAN BOURGOGNE.
SUZY BAYLISS	CLAUDE VILLON.
LYDIE LUBEY.........	FRÉDÉRIQUE NADAR.
CHRIS KELLER	JEAN VINCI.
BOB................................	JACKY GENCEL.
KATE KELLER	SOLANGE SICARD.
ANNE DEEVER........	ANNE BERESSI.
GEORGE DEEVER...	JEAN LARA.

Mise en scène et décor de RAYMOND GÉRÔME

Cette pièce a été représentée pour la première fois
à Paris, au théâtre du Vieux-Colombier,
le 30 septembre 1949.

Acte premier

LIEU

L'arrière-cour de la maison des Keller, dans la banlieue d'une ville américaine.

ÉPOQUE

Un mois d'août de l'après-guerre.

DÉCOR

À droite et à gauche, la scène est bordée par une haie serrée de peupliers dont le feuillage touffu isole la cour et lui prête une atmosphère d'intimité. L'arrière-plan est entièrement occupé par le derrière du bâtiment et la classique véranda de bois qui avance d'environ six pieds dans la cour. La maison a deux étages et comprend sept pièces. Elle a dû coûter dans les quinze mille dollars lors de sa construction, aux environs de 1920. Elle a été fraîchement repeinte et donne une impression de bien-être et de confort ; la cour est couverte de gazon, avec çà et là des plantes qui commencent à se faner. À droite de la maison, on aperçoit l'entrée d'une allée carrossable dont les peupliers cachent le parcours vers l'avant-scène. Dans le coin de droite, à l'avant-scène, se dresse le tronc d'un arbrisseau d'environ quatre pieds de haut. C'est un jeune pommier dont la partie supérieure et les branches gisent en tas à côté du tronc amputé ; des fruits adhèrent encore aux branches.

À l'avant-scène gauche, on aperçoit une petite tonnelle en forme de coquillage, habillée de lierre, et dont le toit incurvé s'orne d'une ampoule rococo. Des fauteuils de rotin et une table de jardin sont disséminés un peu partout. À proximité des marches de la véranda se trouve une boîte à ordures, près d'un brûle-feuilles en grillage.

Le rideau se lève sur une matinée de dimanche. Joe Keller, assis au soleil, est absorbé dans la lecture des petites annonces du journal dominical dont les autres cahiers, ainsi que le supplément illustré, gisent par terre auprès de lui, soigneusement pliés. Derrière lui, assis à la table sous la tonnelle, le Dr Jim Bayliss lit une autre feuille du même journal. Keller est un sexagénaire massif, au corps lourd et à l'esprit lent, le type d'homme d'affaires chez lequel on sent encore l'empreinte de l'atelier et l'autorité du contremaître devenu patron. Quand il lit, quand il parle, quand il écoute, c'est avec le pénible effort de concentration du primaire, pour lequel les choses les plus courantes sont encore une source d'émerveillement. Un homme dont les opinions sont tirées de l'expérience et d'un bon sens paysan. Une force de la nature.

Le Dr Bayliss va sur la quarantaine. C'est un homme qui a de la faconde, très maître de lui et dont l'humour mi-figue, mi-raisin, se teinte d'une légère tristesse.

Ils lisent paisiblement. Au bout de quelques instants, Franck Lubey apparaît, venant de la droite, à travers une étroite ouverture, entre les peupliers. Franck a trente-deux ans et commence à se dégarnir. C'est un garçon affable, buté dans ses opinions, toujours sur la défensive, très sûr de lui, qui a tendance à prendre la mouche quand on le contredit, mais qui cherche toujours à arrondir les angles et voudrait que tout se passe bien. Il ne voit pas Jim sous la tonnelle. Jim ne lève même pas la tête à l'entrée de Franck, bien qu'il soit conscient de sa présence.

FRANCK

Bonjour.

KELLER

Salut, Franck ; quoi de neuf ?

FRANCK

Rien. Je fais ma petite promenade matinale et digestive. *(Il regarde le ciel.)* C'est merveilleux, pas un nuage !

KELLER, *lève les yeux.*

Oui, fait beau.

FRANCK

Il devrait faire beau tous les dimanches.

KELLER, *désignant les pages du journal qui traînent par terre.*

Vous voulez le journal ?

FRANCK

À quoi bon ? Il n'y a jamais que de mauvaises nouvelles. *(Un temps.)* Quelle est la catastrophe du jour ?

KELLER

Je ne sais pas, je ne lis pas les informations. Je ne m'intéresse qu'aux petites annonces.

FRANCK

Pourquoi, vous voulez acheter quelque chose ?

KELLER

Non, par curiosité. *(Silence.)* Pour voir ce que les gens recherchent. Par exemple, il y a là un type qui veut acheter deux saint-bernard. Non mais, voulez-vous me dire ce qu'on peut bien faire de deux saint-bernard ?

FRANCK

Oui, c'est bizarre.

KELLER

En voilà une autre, tenez… « Achète très cher vieux dictionnaires ». Non, mais pourquoi des vieux dictionnaires ?

FRANCK

Probablement un bouquiniste.

KELLER

Vous voulez dire qu'il gagne sa vie avec ça ?

FRANCK

Bien sûr, c'est courant.

KELLER, *secouant la tête.*

Il y a vraiment des métiers baroques ! De mon temps, on était ou bien avocat ou bien médecin, ou bien ouvrier monteur. Maintenant...

FRANCK

Moi, je voulais être agronome, à un certain moment.

KELLER

Hum !... Voyez, c'est bien ce que je disais ! *(Il parcourt la page d'un coup d'œil et balaie son contenu d'un revers de main.)* C'est en regardant une simple page de journal qu'on voit combien on sait peu de choses. *(Il secoue la tête avec une expression d'étonnement enfantin.)* Pssss...

FRANCK

Qu'est-ce qui est arrivé à votre arbre ?

KELLER

Oh ! ne m'en parlez pas. C'est le vent qui a dû l'abattre cette nuit. Vous avez entendu ce vent ?

FRANCK

Je comprends. Il est passé chez moi aussi. Ma cour est un vrai cimetière. *(S'approchant de l'arbre.)* Tzzz, tzzz ! C'est terrible. Et votre femme, qu'est-ce qu'elle en a dit ?

KELLER

Kate ? Elle dort encore. J'attends qu'elle le voie.

FRANCK

C'est étrange…

KELLER

Quoi donc ?

FRANCK

Tom est né fin août. Il aurait vingt-sept ans bientôt, et son arbre qui s'abat tout juste comme…

KELLER, *ému.*

Comment, Franck ? Vous vous souvenez de la date de son anniversaire ? C'est gentil.

FRANCK

Mon Dieu, c'est naturel… Je fais son horoscope.

KELLER

Pourquoi faire ? Un horoscope, ça concerne l'avenir, il me semble ?

FRANCK

Oui, bien sûr, mais… Je vais vous expliquer. Tom a été porté disparu au cours de la nuit du 9 février, n'est-ce pas ?

KELLER

Oui.

FRANCK

Donc, nous pouvons en déduire que, s'il a été tué, c'est le 9 février. Alors Kate voudrait…

KELLER

Ah, c'est Kate qui vous a demandé de faire son horoscope ?

FRANCK

Oui : elle voudrait savoir si le 9 février était un jour faste pour Tommy.

KELLER

Un jour faste ? Comment ça ?

FRANCK

Eh bien, en astrologie, le jour faste, c'est le jour de chance. Autrement dit, il aurait été pratiquement impossible qu'il meure le jour où les astres lui étaient favorables.

KELLER

Et alors, le 9 février était son jour… heu… faste ?

FRANCK

C'est justement ce que je cherche. Ça prend du temps... *(Plein d'une animation contenue, il descend vers l'avant-scène.)* Vous comprenez, voilà où je veux en venir : si le 9 février était son jour faste... il se peut très bien qu'il soit encore vivant quelque part, puisque... *(Jim rit et se lève. À ce moment, Franck remarque sa présence. Jim le regarde avec commisération comme on regarde un idiot. Avec un sourire un peu gêné, Franck bafouille.)* Enfin... C'est dans les choses possibles... Tiens, vous êtes là, je ne vous avais pas vu.

KELLER, *à Jim.*

Ça rime à quelque chose, ce qu'il raconte là ?

JIM, *venant au milieu.*

Oh ! il est un peu timbré, mais il n'est pas dangereux.

FRANCK, *irrité.*

Oh ! vous, c'est bien simple, vous ne croyez à rien !

JIM

Et vous, vous croyez à tout. Quel jobard vous faites ! *(À Joe.)* Vous n'avez pas vu mon gamin ce matin, par hasard ?

KELLER

Non. *(À Franck.)* Vous parlez d'un phénomène... Il s'est cavalé avec son stéthoscope.

JIM, *se levant.*

Ah ! celui-là… Il ne peut pas voir une gamine sans sauter dessus pour l'ausculter. *(Il gagne l'allée, regarde en direction du fond de la scène, vers la rue.)*

KELLER

Il est intelligent, ce gosse. Il sera médecin, plus tard.

JIM

Il faudra d'abord qu'il me passe sur le corps. *(Rit.)* Comme début dans la carrière médicale, ce serait assez joli !

FRANCK

À propos, j'ai vu l'autre jour un film qui m'a fait penser à vous. C'était l'histoire d'un jeune médecin…

KELLER

Ronald Colman…

FRANCK

Il me semble, oui. Il avait un laboratoire dans sa cave, où il s'occupait de travaux scientifiques, de découvertes. Voilà votre vraie vocation : bienfaiteur de l'humanité ; au lieu de ça, vous…

JIM

Au tarif Metro-Goldwyn, je marche tout de suite !

KELLER, *braquant son doigt sur lui en riant.*

Ah, ah, bien envoyé ça, Jim !

JIM, *s'approchant de Joe et regardant vers la maison.*

Où est donc la jolie fille que nous devions voir ce matin ?

FRANCK, *tout agité.*

Anne est arrivée ?

KELLER

Mais oui, elle est là-haut ; elle se repose. Elle est venue par le train d'une heure, cette nuit. *(À Jim.)* Quand elle est partie d'ici, c'était encore une espèce de grande sauterelle et, en deux ou trois ans, la voilà une femme faite. À peine si je l'ai reconnue ; et pourtant elle était toujours fourrée chez nous. *(Un temps.)* Ah ! c'était des gens heureux qui habitaient autrefois votre maison, Jim !

JIM

Je me réjouis de faire sa connaissance. *(Un temps. Regardant les maisons.)* Ça manque de jolies filles par ici. Le quartier est mal desservi ; elles sont toutes laides à faire peur. *(La femme de Jim entre par la gauche. Elle a dû passer le cap de la quarantaine ; c'est une femme qui prend de l'embonpoint et qui en a conscience. En l'apercevant, Jim s'empresse d'ajouter.)* À part ma femme, naturellement.

SUZY, *même ton.*

Mme Miller te demande au téléphone, espèce de mufle !

JIM, *s'adressant à Keller en allant embrasser sa femme.*

Quel métier que celui de mari de la femme d'un médecin. *(À sa femme.)* Mon amour, lumière de ma vie…

SUZY

Va au diable ! *(Désignant leur maison à gauche.)* Et emmène Mme Miller avec toi. Elle empeste le patchouli depuis l'autre bout de la ligne.

JIM

Qu'est-ce qu'elle a encore ?

SUZY

Je ne sais pas, trésor. Mais elle a la voix de quelqu'un qui est à l'agonie. *(Un temps.)* Ou qui a la bouche pleine de caramels.

JIM

Dis-lui de se coucher !

SUZY

Elle préfère que tu le lui dises toi-même. À propos, quand iras-tu voir M. Howard ?

JIM

Ma chérie, M. Howard n'est pas malade et j'ai mieux à faire que de rester assis à lui tenir la main.

SUZY

Pour dix dollars, j'estime que tu pourrais aller jusqu'à lui tenir la jambe.

JIM, *à Keller.*

Dites à Chris que je suis à sa disposition s'il veut faire une partie de golf. *(Il se dirige vers la gauche. À sa femme.)* Ou une croisière autour du monde... *(Se retournant.)* Pendant une trentaine d'années... *(Il sort par la gauche.)*

KELLER

Pourquoi êtes-vous toujours à le tarabuster ? Il est médecin. Vous ne pouvez pas empêcher les femmes de téléphoner à leur médecin.

SUZY

Je lui ai simplement dit que Mme Miller le demandait à l'appareil.

KELLER

Vous êtes jalouse, Suzy. Faudra surveiller ça.

SUZY

Bien, docteur ! J'y veillerai, docteur...

(Ils rient. Entrée de Lydie Lubey, venant de la droite. C'est une jeune femme de vingt-sept ans, rieuse et saine.)

LYDIE

Franck, le grille-pain... *(Apercevant les autres.)* Bonjour... *(À Franck.)* Le grille-pain fait encore des siennes.

FRANCK

C'est pourtant simple, tu n'as qu'à le brancher, je viens de le réparer.

LYDIE, *gentiment, avec insistance.*

Je t'en prie, mon chou, remets-le comme il était avant. Il a quelque chose de dérangé.

FRANCK

C'est toi qui as quelque chose de dérangé.

(Il sort par la droite.)

SUZY, *petit rire.*

Le petit artisan pratique.

LYDIE, *en manière d'excuse.*

Non, je vous assure, il est très adroit de ses mains...

KELLER, *bon enfant.*

Comme un petit cochon de sa queue...

LYDIE

Tiens, le vent a cassé votre arbre.

KELLER

Oui, cette nuit.

LYDIE

C'est malheureux. Annie est là ?

KELLER

Elle ne devrait pas tarder à descendre, attendez de la voir Suzy. Elle est formidable.

SUZY

Décidément, j'aurais dû être un homme. Les gens s'obstinent à me présenter des jolies femmes. *(À Joe.)* Amenez-la chez nous, tout à l'heure. Elle sera surprise en voyant comment nous avons arrangé la maison.

KELLER

Hier soir en descendant de voiture, elle a regardé du côté de chez vous. Son visage a changé, j'ai cru qu'elle allait se mettre à pleurer.

SUZY

C'est compréhensible. Cela ne lui rappelait rien de gai. À tout à l'heure, Joe.

(Elle sort par la gauche.)

LYDIE

Est-elle toujours aussi déprimée ?

KELLER

Annie ? Non. Je n'irai pas jusqu'à dire qu'elle danse la gigue du matin au soir, mais enfin ç'a l'air de s'être tassé.

LYDIE

Elle va se marier ? Il y a eu quelqu'un depuis Tom ?

KELLER

Ben, j'imagine ! Pensez donc… ça fait déjà quatre ans. Elle ne peut pas le pleurer éternellement.

LYDIE

C'est drôle... Dire qu'Annie est là, même pas mariée. Et moi j'ai trois enfants. J'aurais toujours cru que ce serait l'inverse.

KELLER

C'est la guerre qui chambarde tout. J'avais deux fils, je n'en ai plus qu'un. *(Un temps.)* Autrefois on était fier d'avoir un garçon, de lui préparer un avenir, une vie meilleure, d'en faire quelqu'un. Maintenant un garçon, c'est de la chair à canon.

LYDIE

Bonjour, Chris.

FRANCK, *appelant de la droite.*

Lydie, viens voir... Si tu veux que le grille-pain marche, il ne faut pas le brancher sur le fer à repasser.

LYDIE, *avec un rire gêné.*

J'ai branché...

FRANCK

La prochaine fois que je réparerai quelque chose, ne me dis pas que je suis timbré... Viens ici...

LYDIE, *se dirigeant vers la droite.*

Je n'ai pas fini d'en entendre.

(Lydie sort en riant. Chris descend en souriant les marches du perron. C'est un garçon de trente-deux ans,

solidement charpenté comme son père. Un homme réfléchi, qui sait écouter, affectueux et d'une loyauté à toute épreuve.)

KELLER

Tu veux le journal ?

(Il lui offre le journal.)

CHRIS, *s'approchant de lui.*

Non, ne te dérange pas, passe-moi simplement la revue des livres.

KELLER, *lui tendant le journal.*

Pour quoi faire ? Tu n'achètes jamais de livres.

CHRIS, *s'asseyant, tournant la page.*

Je veux bien être ignorant, mais je veux savoir dans quelle mesure.

KELLER

On n'a pas idée de ça. Il sort un nouveau livre toutes les semaines ?

CHRIS

Quelle question ! Beaucoup plus que ça, voyons !

KELLER

Et ils trouvent chaque fois du nouveau à dire ?

CHRIS

Il faut croire !

KELLER, *branlant la tête d'un air incrédule.*

Psss… Anne est levée ?

CHRIS

Maman lui sert son petit déjeuner dans la salle à manger.

KELLER

Tu as vu ce qui est arrivé à l'arbre ?

CHRIS, *sans lever les yeux.*

Oui.

KELLER

Et ta mère, qu'est-ce qu'elle va dire ?

(Entrée de Bob, venant de l'allée. Il a environ six ans.)

BOB

Tu as fini par te lever, m'sieur Keller ?

KELLER

Ah !… voilà Bob. Où est Jimmy ? Il s'est encore sauvé avec la trousse de son père, je suppose ?

BOB

Il est en train d'ausculter Betty.

KELLER

Comment ça ?

BOB

Elle va avoir des petits.

KELLER

Quoi ?

BOB

Des petits chats.

KELLER

Ah ! oui, Betty ! Rien à signaler ?

BOB

Rien.

KELLER

Alors, c'est que tu n'as pas fait ta ronde sérieusement. Au début, quand je t'ai bombardé policeman, tu t'amenais chaque matin avec des histoires terribles. Maintenant, il ne se passe plus jamais rien.

BOB

À part une bande de voyous qui shootaient dans une boîte de conserve ; je les ai fait circuler pour qu'ils ne t'empêchent pas de dormir.

KELLER

Bravo, Bob !... Service, service. Tu sais quoi ? Un de ces quatre matins, je suis fichu de te bombarder inspecteur-chef.

BOB

Je peux voir la prison, maintenant ?

KELLER

C'est défendu, Bob, tu le sais bien.

BOB

Je parie qu'il n'y en a même pas, de prison. Il n'y a même pas de barreaux aux fenêtres de la cave.

KELLER

Parole d'honneur, Bob ! Je t'assure qu'il y a une prison à la cave. Je t'ai bien montré mon fusil, l'autre jour.

BOB

C'est pour tuer les lapins.

KELLER

Pas du tout. C'est pour arrêter les chenapans.

BOB

Alors pourquoi que tu n'arrêtes jamais personne ? Jimmy a encore dit un gros mot à Doris, hier, et tu ne lui as même pas repris ses galons.

KELLER

C'est vrai, c'est un dangereux individu, ce Jimmy. *(Il lui fait signe d'approcher.)* Qu'est-ce que c'était ce gros mot ?

BOB, *rougissant.*

Oh !... J'peux pas le dire.

KELLER

Enfin, à peu près, quoi… Donne-moi une idée.

BOB

J'peux pas, c'est pas joli.

KELLER

Dis-le-moi simplement à l'oreille. Je fermerai les yeux. Je ne l'entendrai peut-être même pas.

BOB, *se haussant sur la pointe des pieds, approche ses lèvres de l'oreille de Keller, puis, envahi par une gêne insupportable, recule.*

J'peux pas, m'sieur Keller.

CHRIS, *levant les yeux.*

Ne l'oblige pas à dire ce genre de choses.

KELLER

Okay ! Bob. Je te crois sur parole. Maintenant, va. Ouvre l'œil.

BOB, *intéressé.*

Pour quoi faire ?

KELLER

Pour quoi faire ? Voyons, Bob, tout le quartier compte sur ta vigilance. D'abord, un policeman ne pose pas de questions. Allez, ouste, ouvre l'œil…

BOB, *intrigué, mais plein de bonne volonté.*

Okay !

KELLER

Et le bon.

BOB, *éberlué.*

... Okay !...

(Bob sort de scène par l'allée.)

KELLER, *riant.*

Je les rends tous fous, les mioches.

CHRIS, *souriant, lève les yeux vers l'arbre.*

Un de ces jours, ils vont s'apercevoir que tu les mènes en bateau et te flanqueront une de ces corrections !...

(Il se lève, s'avance nonchalamment vers l'arbre et touche du doigt la cassure du tronc.)

KELLER

Qu'est-ce qu'elle va dire ? Il vaudrait peut-être mieux la prévenir avant qu'elle le voie.

CHRIS

Elle l'a vu.

KELLER

Comment ? Quand je me suis levé, elle dormait encore.

CHRIS

Elle était ici quand l'ouragan l'a abattu.

KELLER

Quand ça ?

CHRIS

Vers les quatre heures, ce matin.

(Il désigne la fenêtre au-dessus d'eux.)

KELLER

Qu'est-ce qu'elle faisait dehors à une heure pareille ?

CHRIS

Je n'en sais rien. Quand il a craqué, elle est allée pleurer dans la cuisine.

KELLER

Tu es descendu ?

CHRIS

Non, je... J'ai pensé qu'il valait mieux la laisser seule.

(Un silence.)

KELLER, *profondément ému.*

Elle a beaucoup pleuré ?

CHRIS

Elle sanglotait si fort que je l'ai entendue à travers le plancher.

(Un temps.)

KELLER

Qu'est-ce qu'elle faisait dehors à quatre heures du matin ? *(Une nuance d'irritation dans la voix.)* Ça la reprend. Elle recommence à rêver de lui.

CHRIS

J'en ai l'impression.

KELLER

Elle redevient comme elle était juste après sa mort. *(Un temps.)* Comment ça se fait ?

CHRIS

Nous avons commis une erreur terrible avec maman.

KELLER

Comment ?

CHRIS

En n'étant pas francs avec elle. Ce sont des choses qui finissent toujours par vous retomber sur le nez. La preuve !

KELLER

Pas francs, que veux-tu dire ?

CHRIS

Tu sais aussi bien que moi que Tommy ne reviendra pas. À quoi bon continuer à lui faire croire que nous partageons ses illusions.

KELLER

Comment veux-tu faire ? Parle-lui, toi, si tu t'en sens le courage.

CHRIS

Il faudra bien que quelqu'un lui ouvre les yeux un jour ou l'autre. Personne ne croit plus que Tommy puisse encore être en vie.

(Keller ne répond rien, il s'écarte simplement de quelques pas, absorbé dans ses pensées, les yeux fixés au sol.)

Il est normal qu'elle rêve de lui, qu'elle passe ses nuits à l'attendre, puisque nous ne l'avons jamais détrompée, que nous ne lui avons jamais dit carrément que nous avions, depuis des années, abandonné tout espoir…

KELLER, *effrayé à cette idée.*

On ne peut pas lui dire ça.

CHRIS

Il faut le lui dire.

KELLER

Comment prouver qu'il est mort ? Tu peux le prouver, toi ?

CHRIS

Enfin, bon sang… quatre ans. Personne ne revient au bout de quatre ans. C'est de la folie pure.

KELLER

Pour toi, oui, et pour moi. Mais pas pour elle. On n'a pas retrouvé le corps, il n'y a pas de tombe, inutile d'essayer de la convaincre, ça serait gâcher sa salive.

CHRIS

Assieds-toi, papa, j'ai à te parler.

KELLER, *le regardant un moment d'un œil scrutateur, puis s'asseyant.*

C'est la faute à ces sacrés journaux de malheur. Tous les mois ils annoncent qu'un garçon qu'on croyait mort réapparaît on ne sait d'où, ce qui fait que, naturellement, le prochain sera Tommy… Alors…

CHRIS

C'est bon, écoute-moi. *(Un temps.)* Tu sais pourquoi j'ai invité Annie, n'est-ce pas ?

KELLER, *il le sait, mais…*

Pourquoi ?

CHRIS

Tu le sais très bien.

KELLER

Mon Dieu ! j'en ai une vague idée, mais… où veux-tu en venir ?

CHRIS

Je vais lui demander de m'épouser.

(Un temps.)

KELLER, *hochant la tête.*

Ça ne regarde que toi, Chris.

CHRIS

Tu sais bien que ça ne regarde pas que moi.

KELLER

Qu'est-ce que tu veux que je dise ? Tu es assez grand pour savoir ce que tu dois faire.

CHRIS, *ennuyé, d'un ton interrogateur.*

Alors, c'est parfait, je vais le faire.

KELLER

Tout de même, tu ferais bien de t'assurer que ta mère ne va pas…

CHRIS

Donc, cela ne regarde pas que moi.

KELLER

Je voulais dire…

CHRIS

Quand tu ne veux pas voir les choses, tu as une façon de te boucher les yeux et les oreilles qui m'exaspère. Imagine que je mette maman au courant et qu'elle commence à délirer ou qu'elle se trouve mal. Ça ne te regarderait pas, peut-être ?

KELLER

Mais... Anne est la fiancée de Tommy.

CHRIS

Elle n'est plus la fiancée de Tommy.

KELLER

Pour ta mère, il n'est pas mort ; par conséquent, tu n'as pas le droit de lui prendre sa fiancée. *(Un temps.)* À partir de là, tu peux faire ce que tu veux, si tu sais quoi faire. Moi, je t'avoue que je ne sais pas. Comprends-tu. Je ne sais pas quoi faire...

CHRIS, *se levant.*

Chaque fois que j'ai envie de quelque chose et que je suis sur le point de l'avoir, eh bien ! non... il faut que je m'efface sous prétexte que ça ferait de la peine à quelqu'un. Et comme ça sans arrêt, toute mon existence.

KELLER

Ça prouve que tu as du cœur.

CHRIS

Oh !... je t'en prie.

KELLER

Lui as-tu demandé ?

CHRIS

Je voulais d'abord te voir.

KELLER

Qui te dit qu'elle voudra t'épouser ? Elle pense peut-être comme ta mère, pour ce qui est de Tommy.

CHRIS

Dans ce cas, on n'en parlera plus. Mais, d'après le ton de ses lettres, je crois qu'elle l'a oublié ; je vais m'en assurer. Ensuite, nous attaquerons maman. D'accord ? Attention, papa ! Ne cherche pas à te défiler.

KELLER

C'est pas les belles filles qui manquent, bon sang ! Pourquoi tiens-tu absolument à Annie ?

CHRIS

Parce que c'est comme ça !

KELLER

La belle réponse ! Tu ne l'as pas revue depuis que tu es parti pour la guerre. Ça fait cinq ans.

CHRIS

Je n'y peux rien ; je la connais mieux qu'aucune autre. Nous avons été élevés porte à porte. Depuis des années, quand je pense à me marier, c'est l'image d'Annie qui se présente automatiquement à mon esprit ! C'est aussi simple que ça !

KELLER

Euh !... Écoute, Chris, ta mère est sûre que ton frère va revenir. En te mariant avec Annie, tu signes son acte de décès. Tu te rends compte du coup que ça va être pour elle ? Personnellement, je n'ose même pas y songer. Tu l'oses, toi ?

(Silence.)

CHRIS

C'est bon.

KELLER, *croyant que Chris s'est rendu à ses raisons.*

Prends le temps de réfléchir.

CHRIS

Cela fait quatre ans que je pense à Annie. J'avais espéré que maman finirait par comprendre et que nous pourrions fêter notre mariage en famille gentiment. Mais s'il n'y a pas moyen ici, alors tant pis, je m'en irai.

KELLER

Qu'est-ce que tu me chantes ?

CHRIS

Je m'en irai, je me marierai et j'irai m'installer ailleurs. À New York, par exemple.

KELLER

Tu n'es pas fou ?

CHRIS

J'en ai assez d'être le « bon fils », la bonne poire. Il y a trop longtemps que ça dure.

KELLER

Mais, nom d'un chien ! tu as ton affaire ici, tu…

CHRIS

Les affaires n'ont rien d'exaltant.

KELLER

Tu as absolument besoin de t'exalter ?

CHRIS

Parfaitement ! Je veux un idéal auquel je puisse me consacrer au moins une heure par jour. Si je dois m'escrimer toute la journée à faire de l'argent, je tiens au moins à me rattraper le soir. Je veux avoir une famille, des gosses ; je veux accomplir quelque chose de valable. Annie fait partie du tableau. Tu veux me dire où je pourrai trouver tout cela sans elle ?

KELLER

Qu'est-ce… *(Il s'avance vers lui.)* Mais dis-moi, tu songerais sérieusement à plaquer notre affaire ?

CHRIS

Pour obtenir cela ? Oui.

(Un silence.)

KELLER

Mais voyons… il ne faut pas te mettre des idées pareilles dans la tête.

CHRIS

Alors fais le nécessaire pour que je reste ici.

KELLER

Entendu, mais… bon sang ! ne dis pas de bêtises. Parce qu'alors à quoi ça m'aurait servi d'avoir trimé comme un cheval toute ma vie ? C'était pour toi, Chris, toute l'affaire, toute la banque. Uniquement pour toi…

CHRIS

Je le sais, papa. Alors, arrange-toi pour que je reste ici.

KELLER, *plaquant affectueusement son poing contre la mâchoire de Chris.*

Bon ! Mais ne me dis plus jamais de ces choses-là. Tu m'entends ?

CHRIS

Je ne plaisantais pas.

KELLER, *abaissant la main.*

Au fond, je ne te connais pas très bien.

CHRIS

Je ne suis plus un gosse, tu sais.

KELLER

Je commence à m'en rendre compte.

(Sur ces entrefaites, la mère paraît sur le seuil. C'est une femme d'une cinquantaine d'années. Terriblement instinctive et qui porte en elle des trésors de tendresse.)

MAMAN

Joe !

CHRIS, *s'avançant vers le perron.*

Bonjour, 'man.

MAMAN

Ah ! tu es là, Joe.

CHRIS, *à maman.*

Annie n'a pas fini de déjeuner ?

MAMAN, *regardant autour d'elle d'un air préoccupé.*

Elle vient tout de suite. *(Se mettant en mouvement.)* La tempête a bien arrangé le jardin. *(Faisant allusion à l'arbre.)* Dieu merci, comme ça, on n'en parlera plus.

KELLER, *montrant le fauteuil près de lui.*

Ne t'agite pas, assieds-toi.

MAMAN, *s'avançant vers la bordure de plantes, à l'avant-scène gauche. Pressant sa main contre son front.*

J'ai une douleur bizarre dans le haut de la tête.

CHRIS

Tu veux que j'aille te chercher de l'aspirine ?

MAMAN, *ramassant quelques pétales par terre, les met dans le creux de sa main, les hume un moment, puis les éparpille sur les plantes.*

Plus une seule rose ; c'est tellement bizarre... *(Elle s'assied, puis poursuit.)* Tout arrive en même temps. Son anniversaire. La tempête, cette nuit. Son arbre qui s'abat. Annie qui arrive. Comme si le passé cherchait à remonter. J'étais à l'instant à la cave et voilà que je bute, vous savez dans quoi ? Dans son gant de base-ball. Cela fait une éternité que je ne l'avais pas vu, ce gant de base-ball.

CHRIS

Tu ne trouves pas qu'Annie a bonne mine ?

MAMAN

Très... Elle est jolie. *(Un temps.)* Je ne sais toujours pas ce qui l'a amenée ici. Naturellement, ça me fait plaisir, mais...

CHRIS

J'ai pensé que ce serait agréable pour tout le monde de se retrouver. *(Maman lui lance un bref coup d'œil et hoche imperceptiblement la tête. Presque un aveu :)* Et, personnellement, j'avais envie de la voir.

MAMAN, *s'immobilise brusquement. À Keller.*

Je trouve seulement que son nez s'est un peu allongé. Dommage. Mais, pour moi, elle restera toujours une brave petite. Au moins, elle ne s'est pas empressée de coucher avec le premier venu quand elle a appris que son fiancé était porté disparu.

KELLER, *comme si la chose eût été inconcevable de la part d'Annie.*

Oh ! qu'est-ce que tu vas chercher là ?...

MAMAN

Je sais ce que je dis ; la plupart étaient tellement pressées qu'elles n'ont même pas pris le temps de lire le télégramme de Washington jusqu'au bout.

Au fond, je suis bien contente qu'elle soit là ; comme ça, vous verrez peut-être que je ne suis pas si folle.

CHRIS

Le fait qu'elle ne soit pas mariée ne veut pas forcément dire qu'elle l'attend toujours.

MAMAN, *son attention éveillée par cette réflexion.*

Alors pourquoi ne s'est-elle pas mariée ?

CHRIS, *légèrement embarrassé.*

Eh bien... cela peut être dû à un tas de raisons.

MAMAN, *l'apostrophant directement.*

Laquelle, par exemple ?

CHRIS, *pris de court, mais ne se démontant pas.*

Je ne sais pas, moi, n'importe quoi.

(Maman se lève, pressant sa main contre son front.)

CHRIS

Je vais te chercher un cachet !

MAMAN, *se dirigeant machinalement vers l'arbre.*

Ce n'est pas exactement une migraine.

(Elle secoue légèrement la tête.)

KELLER

Tu ne dors pas, voilà ce que c'est.

MAMAN

J'ai passé une nuit effrayante. *(Elle s'immobilise.)* Jamais je n'ai passé une nuit pareille.

CHRIS, *s'approchant d'elle.*

Qu'est-ce qui s'est passé, maman ? Encore un de tes rêves ?

MAMAN

C'était plus qu'un rêve.

CHRIS, *hésitant.*

Tu as revu Tommy ?

MAMAN

J'étais endormie et... *(Levant son bras droit au-dessus des spectateurs.)* Tu te rappelles quand il venait survoler la maison pendant son stage à l'école des pilotes. Il passait là, très bas, presque sur les arbres. L'espace d'une seconde, on apercevait son visage dans la carlingue. Eh bien ! c'est ainsi que je l'ai revu cette nuit, mais très haut. Très, très haut, presque dans les nuages. Aussi nettement que je vous vois. Je n'aurais eu qu'à allonger le bras pour le toucher. Et tout d'un coup il a commencé à tomber. Et il pleurait, et il me suppliait. Maman… Maman… Maman ! Je l'entendais comme s'il avait été là, dans la chambre… C'était sa voix. Si j'avais pu le toucher, je suis sûre que j'aurais pu l'empêcher de tomber. Si seulement j'avais pu… *(S'interrompant et laissant retomber son bras.)* Je me suis réveillée et j'ai eu une impression si bizarre… Le vacarme du vent dans les branches… On aurait dit son moteur. Je suis descendue… Je devais être encore à moitié endormie. J'avais le bruit de l'avion dans les oreilles comme s'il était passé au ras de la maison. L'arbre a éclaté juste devant moi… *(Elle considère l'arbre. Subitement une pensée lui vient à l'esprit, et elle se tourne vers Keller et le menaçant du doigt d'un air de reproche.)* Tu vois ? Jamais on n'aurait dû planter cet arbre. Je l'avais bien dit. C'était trop tôt pour planter un arbre à sa mémoire.

CHRIS, *alarmé.*

Trop tôt ?

MAMAN, *s'irritant.*

Vous étiez tous tellement pressés de l'enterrer. J'avais dit de ne pas le planter encore. *(À Keller.)* Je te l'avais dit…

CHRIS, *l'empoignant par le bras.*

Maman... Maman...

(Elle le regarde dans les yeux.)

CHRIS

C'est la tempête qui l'a fauché. Ça n'a rien de surnaturel. Qu'est-ce que tu veux que ça signifie ? Qu'est-ce que tu racontes ? *(Il lâche son bras. Nullement convaincue, elle s'écarte de lui et reste à se frotter machinalement la joue. Il s'avance vers elle.)* Maman, je t'en supplie... ne remets pas tout en question, c'est inutile, ça te ferait du mal et cela ne rime à rien. Écoute, je vais te dire... J'ai pensé que nous devrions peut-être essayer de nous habituer à l'idée de ne plus le revoir.

MAMAN

C'est la troisième fois cette semaine que tu me fais cette réflexion.

CHRIS

Mais oui. C'est injuste, jamais nous n'avons repris notre existence normale. Nous avons tous l'air d'être plantés sur un quai de gare à attendre un train qui ne viendra jamais.

MAMAN, *pressant sa main contre son front.*

Va me chercher une aspirine, veux-tu ?

CHRIS, *s'approchant d'elle et lui caressant la joue.*

Et ne pensons plus à tout cela, hein, 'man ? Je me disais que nous pourrions dîner au restaurant, de temps en temps, tous les quatre. Peut-être même aller danser au bord de l'eau.

MAMAN

Bonne idée. *(À Keller.)* Allons-y ce soir.

KELLER

D'accord, j'en suis...

CHRIS

C'est ça ! On va se payer du bon temps ! *(À maman.)* Pour commencer, prends ton aspirine.

(Il se lève et rentre dans la maison, animé d'une ardeur nouvelle. Le sourire de maman s'efface.)

MAMAN, *d'une voix où perce une note accusatrice.*

Pourquoi a-t-il invité Annie ?

KELLER

Qu'est-ce que ça peut bien te faire ?

MAMAN

Voilà trois ans et demi qu'elle habite New York, pourquoi faut-il que tout d'un coup ?...

KELLER

Mon Dieu !... Peut-être avait-il tout simplement envie de la voir...

MAMAN

On ne fait pas quinze cents kilomètres comme ça parce que quelqu'un est pris de l'envie de vous voir.

KELLER

Et pourquoi pas ? Ils ont été élevés ensemble. Il est normal qu'ils aient envie de se retrouver. *(Maman le regardant d'un œil sceptique.)* Tu n'as pas besoin de faire cet œil-là ! Il ne m'a rien dit de plus qu'à toi.

MAMAN, *un avertissement qui est aussi une question.*

Il ne se mariera pas avec elle.

KELLER

Où as-tu pris qu'il voulait se marier avec elle ?

MAMAN

C'est dans l'air.

KELLER, *guettant sa réaction.*

Et alors ?

MAMAN

Comment : et alors ? *(Soudain prise d'alarme, elle jette un coup d'œil vers la maison.)* Qu'est-ce qui est en train de se mijoter ici ?

KELLER

Écoute, ma petite Katie...

MAMAN, *évitant son contact.*

Elle n'est pas à lui, Joe. Et elle le sait qu'elle n'est pas à lui.

KELLER

Tu n'es pas extralucide ; tu ne peux pas lire dans ses pensées.

MAMAN

Mais pourquoi serait-elle restée seule ? Ce ne sont pas les hommes qui manquent, à New York. Pourquoi ne s'est-elle pas mariée ? *(Silence.)* Je suis sûre que des tas de gens ont dû lui dire qu'elle était folle d'espérer son retour. N'empêche qu'elle a attendu.

KELLER

Comment peux-tu savoir qu'elle a attendu ?

MAMAN

Elle a la même intuition que moi. Voilà pourquoi elle lui reste fidèle. Dans mes moments de découragement, je pense à elle et de savoir qu'elle attend, cela me redonne confiance ; cela me prouve que j'ai raison.

KELLER

Écoute, il fait une journée magnifique ; quel besoin as-tu de te tourmenter ?

MAMAN

Chris a une façon d'être avec elle qui ne me plaît pas. *(Menaçante.)* Je te préviens, Joe : que personne dans cette maison ne cherche à l'influencer. Des étrangers, je ne dis pas. Mais pas le frère, pas le père de son fiancé.

KELLER, *exaspéré.*

Qu'est-ce que tu veux que je fasse ? Qu'est-ce que tu veux, au juste ?

MAMAN

Je veux que Chris et toi vous vous mettiez bien dans la tête qu'il va revenir. *(Elle se promène de long en large.)* Ne va pas t'imaginer que je n'ai rien observé depuis que Chris a invité Annie ici. Je ne supporterai pas vos manigances, tu entends !

KELLER

Mais voyons, Kate...

MAMAN

S'il ne revient pas, je me tuerai... *(Elle sanglote.)* Mais oui ! Moque-toi de moi ! *(Elle désigne l'arbre.)* Mais explique-moi pourquoi son arbre s'est abattu le soir de l'arrivée de sa fiancée. Oui, tu peux rire, mais ce sont des signes. Elle couche dans la chambre de Tommy et tu vois ce qui arrive. Regarde son arbre, regarde-le. *(Elle s'approche de lui.)* Joe...

KELLER

Calme-toi.

MAMAN

Je ne peux pas supporter l'attente toute seule, Joe. Soutiens-moi. Crois avec moi, Joe.

KELLER, *lui caressant la main d'un air désemparé.*

Calme-toi.

MAMAN

La semaine dernière, il en est encore rentré un, à Chicago. Il était porté disparu depuis plus longtemps que Tommy. Tu l'as lu toi-même.

KELLER, *sans se compromettre.*

C'est bon, c'est bon, calme-toi.

MAMAN

Crois avec moi, il faut que tu croies, toi surtout.

KELLER, *sans se compromettre.*

C'est bon, c'est bon, calme... *(Cessant brusquement de lui caresser la main.)* Pourquoi « moi surtout » ?

MAMAN, *pour cacher sa confusion, elle touche ses cheveux.*

Continue à espérer, je t'en prie.

KELLER, *écartant sa main sans brusquerie.*

Qu'est-ce que tu veux dire avec ton « toi surtout » ?

(Le petit Bob arrive en galopant dans l'allée de droite.)

BOB

M'sieu Kelle, m'sieu Kelle... *(Désignant l'allée à l'arrière-plan.)* Jimmy vient juste de le redire.

KELLER, *qui ne se rappelle plus du tout.*

Vient de redire quoi ? Quoi ?

BOB

Son gros mot.

KELLER

Ah ! *(D'un air préoccupé il fait de la main le geste d'éloigner Bob.)*

BOB

Oh ! zut alors ! Tu ne vas pas l'arrêter ? Je lui ai dit que tu allais l'arrêter et que tu lui reprendrais ses galons.

MAMAN, *brusquement.*

Tais-toi, Bob. Sauve-toi ; rentre à la maison.

BOB

On va le mettre en prison, dis ?

(Bob recule à mesure qu'elle avance.)

MAMAN

Il n'y a pas de prison ici.

KELLER, *comme pour dire :*

« Oh ! laisse-le donc croire qu'il y en a une, que diable ! » Kate...

MAMAN, *furieuse, reportant sa colère sur Keller et se tournant vers lui.*

Il n'y a pas de prison, ici ! Tu vas me faire le plaisir d'en finir avec tes histoires de prison !

BOB, *à Keller sans se soucier d'elle.*

Il est dans la rue, juste en face.

MAMAN

Rentre chez toi, Bob !

(Bob la regarde d'un air ahuri, puis regarde Keller ; ensuite il fait demi-tour et disparaît dans l'allée.)

MAMAN, *encore toute frémissante, d'une voix pressante, saccadée.*

Je ne veux plus entendre parler de prison ici, tu m'entends, Joe ?

KELLER, *alarmé et en conséquence irrité.*

Tu trembles comme une feuille, regardez-moi ça ! Qu'est-ce que tu as ?

MAMAN, *s'efforçant de se maîtriser, marche de long en large en serrant ses mains crispées.*

C'est plus fort que moi !

KELLER

Sacré nom d'un chien ! Qu'est-ce qui te prend, Kate ? À t'entendre, on croirait que j'ai quelque chose à cacher.

MAMAN

Je ne dis pas que tu as quelque chose à cacher. Je te demande simplement de ne plus parler de prison. Alors cesse !

(Anne et Chris font leur apparition sous la véranda. Anne a vingt-six ans. C'est une fille de manières douces, mais capable, en dépit d'elle-même, de s'accrocher obstinément à ses idées.)

ANNE

Alors, on se dispute ? L'amour est une belle chose ! *(Elle déclenche un rire général dans lequel n'entre aucune gêne parce qu'ils se connaissent tous trop bien.)*

CHRIS, *aidant Anne à descendre, le bras tendu, très Régence.*

Et voilà le travail !

MAMAN, *sincèrement confondue d'admiration.*

Où as-tu déniché cette robe ?

ANNE

Elle représente trois semaines d'appointements, mais je n'ai pas pu résister. *(Pivotant pour la montrer.)* Pas mal, hein ? Je devrais l'enlever tout de suite, sinon elle va être fichue !

MAMAN, *à Keller.*

C'est vraiment la plus... *(À Anne.)* C'est ravissant, absolument ra...

CHRIS, *à sa mère.*

N'est-ce pas la plus jolie fille que tu aies jamais vue… dis, 'man ?

MAMAN, *brusquement refroidie devant tant d'enthousiasme, d'un geste de somnambule, elle prend le verre d'eau et l'aspirine qu'il tient à la main, puis…*

Je crains que tu n'aies un tout petit peu engraissé, ma chérie… Tu ne crois pas ? *(Elle avale la pilule et boit.)*

ANNE, *déçue.*

Oh ! vous savez, ça dépend des jours… *(Elle se dirige vers les peupliers à gauche.)*

KELLER

Elle qui avait les mollets comme des quilles, regardez-moi ces jambes !

ANNE

C'est formidable ce que les peupliers sont touffus. Comme ils ont grandi !

KELLER

Ça fait quatre ans, ma petite. Ça ne nous rajeunit pas. *(Elle écarte les branches et regarde dans la cour de Jim.)*

MAMAN

Et ta maman, elle se plaît à New York ?

ANNE

Pourquoi ont-ils décroché notre hamac ?

KELLER

Il s'est cassé il y a deux ans.

MAMAN, *sur un ton de raillerie affectueuse et gaie, à Keller.*

Cassé ? Demande-lui donc pourquoi ! *(À Anne.)* Il s'est affalé dedans, un jour, après une de ses *légères* collations.

ANNE

Ah, je comprends ! *(Elle rit et donne une tape sur le ventre à Joe, puis se retourne et voit Jim.)* Oh, je vous demande pardon… *(Jim, débouchant de l'allée, se trouve nez à nez avec Anne et pénètre chez les Keller.)*

JIM

Enchanté… *(À Keller.)* J'ai retrouvé mon stéthoscope. Mon fils était en train d'ausculter à tour de bras.

CHRIS

Anne, je te présente Jim… le Dr Bayliss.

ANNE, *serrant la main de Jim.*

Nous sommes de vieilles connaissances, il me parle de vous dans toutes ses lettres.

JIM

Il ne faut pas trop se fier à ce qu'il raconte. Il se prend d'affection pour tout le monde. Au régiment on l'appelait « Christophe Cœur d'Éponge ».

ANNE

Cela ne m'étonne pas… *(Aux autres.)* Vous savez… Ça m'a fait tellement drôle de les voir dans cette cour. Comme si je n'avais pas grandi. Je m'attends presque à retrouver maman et papa dans la maison. Toi et mon frère George en train de piocher votre algèbre ; Tommy cherchant à copier mes devoirs par-dessus mon épaule. C'est invraisemblable…

JIM

Vous êtes la bienvenue chez nous… si le cœur vous en dit.

ANNE, *lui souriant.*

Merci.

SUZY, *appelant de la gauche.*

Jim, viens. M. Howard te demande à l'appareil.

JIM

Je t'ai dit que je ne voulais pas…

SUZY, *charmante mais ferme.*

Je t'en prie, mon chou !

JIM, *résigné.*

C'est bon, Suzy. *(Il part à regret en traînant les pieds.)* On y va, on y va… *(Il prend la main d'Anne.)* Nous venons seulement de faire connaissance, Anne ; mais, si je puis me permettre un conseil en passant, ne vous avisez jamais, quand vous vous marierez, de compter, même en pensée, l'argent que gagne votre mari.

SUZY, *appelant en coulisses.*

Jim !

JIM

Voilà. *(Il fait demi-tour et se dirige vers la gauche.)* Voilà ! *(Il sort à gauche.)*

KELLER

Ils n'ont qu'un seul intérêt commun dans la vie, ces deux-là, leur gosse.

MAMAN

Oui, et les réussites.

ANNE, *s'animant soudain et attrapant la main de maman.*

Allons tous ensemble dîner au bord du lac, ce soir. Comme avant le départ de Tommy.

MAMAN, *tout émue.*

Tu penses à lui. *(Prenant la tête d'Anne dans ses mains.)* Vous voyez. *(Triomphante.)* Elle pense à lui.

ANNE, *avec un sourire d'incompréhension.*

Comment, que voulez-vous dire, Kate ?

MAMAN

Rien, simplement qu'il est dans tes pensées, que tu… te souviens de lui.

ANNE

Quelle drôle de réflexion, comment pourrais-je ne pas me souvenir de lui ?

MAMAN, *voyant que la discussion prend une tournure gênante pour elle, change de jeu. Elle prend Anne par la taille et la conduit vers un fauteuil tout en arrangeant les cheveux de la jeune fille.*

Assieds-toi, ma chérie. *(Anne s'assied sans la quitter des yeux.)* As-tu rangé tes affaires ?

ANNE

Oui, c'est à peine s'il restait de la place dans la penderie, avec tous ces complets d'homme...

MAMAN

C'est la chambre de Tommy. Tu ne te rappelles donc pas ?

ANNE

Vous voulez dire... ce sont les costumes de Tommy ?

MAMAN

Tu ne les as pas reconnus ?

ANNE, *un peu gênée.*

Ma foi... il ne m'était pas venu à l'idée... que vous aviez... enfin, je veux dire... toutes ses chaussures cirées, ses pantalons repassés...

MAMAN

Oui, ma chérie. *(Un temps. Anne ne peut détacher ses yeux de son visage. Maman rompt délibérément le charme en croisant confortablement ses mains dans son giron, et, comme quelqu'un qui se lance avec délices dans les commérages.)* Il y a si longtemps que je mourais d'envie de bavarder avec toi, Annie. Parlons un peu de toi, veux-tu ?

ANNE

Mais… de quoi ?

KELLER

Anne, je te préviens, c'est une calamité d'aller au restaurant avec cette femme. En moins de cinq minutes, tu vois s'amener un tas de gens qu'elle ne connaît ni d'Ève ni d'Adam et qui se mettent à lui raconter leur vie depuis A jusqu'à Z.

MAMAN

Vous permettez que je lui demande quelque chose en particulier ?

KELLER

Demande, c'est permis, mais ne l'assomme pas. Elle n'a ni ma résistance, ni mon entraînement.

(Rire général.)

ANNE, *à maman.*

Ne vous laissez pas intimider. Demandez-moi tout ce que vous voudrez. Que voulez-vous savoir, Kate ?

MAMAN, *à Chris et à Keller.*

Elle est la seule ici à avoir un peu de bon sens. *(À Anne.)* Ta mère... Elle ne divorce pas, en fin de compte ?

ANNE

Non. Maintenant, elle voit les choses avec plus de calme. J'ai l'impression qu'ils reprendront la vie en commun quand il sera libéré, à New York ou quelque part loin d'ici.

MAMAN

C'est ce qu'elle avait de mieux à faire. Ton père est quelqu'un de bien, malgré tout.

ANNE

Elle peut le reprendre si elle veut. Ça m'est égal.

MAMAN

Et toi ? Tu... *(Elle secoue négativement la tête.)* sors beaucoup ? Tu vois beaucoup de monde ?

(Un temps.)

ANNE, *avec tact.*

Vous voulez dire : est-ce que j'attends toujours le retour de Tommy ?

MAMAN

Mon Dieu... non... Je ne peux évidemment pas espérer que tu l'attendras toujours, mais...

ANNE, *avec douceur.*

Mais c'est bien ce que vous voulez dire, n'est-ce pas ?

MAMAN

Oui…

ANNE

Non, je ne l'attends pas, Kate.

MAMAN, *faiblement.*

Tu ne l'attends pas ?

ANNE

Enfin, Kate vous n'imaginez pas sérieusement qu'il va…

MAMAN

Si, chérie. Les journaux sont pleins de choses de ce genre. À New York, je ne sais pas. Mais à Chicago, il y en avait dernièrement toute une page sur un garçon qui était porté disparu depuis plus longtemps que Tommy et qui, un beau jour, est revenu du fin fond du Pacifique…

CHRIS

Tommy prend son temps, maman. Il ne doit pas être très pressé de rentrer.

MAMAN

Oui, eh bien ! Monsieur-je-sais-tout, figure-toi qu'il a très bien pu perdre la mémoire. Ou bien… je ne sais pas, moi… des tas d'autres raisons. On voit tous les jours des choses bien plus extraordinaires. Toi qui es si malin, tu peux savoir ce qui arrivera demain ?

CHRIS, *s'approchant d'elle avec un rire condescendant.*

Maman, tu es vraiment…

MAMAN

Cesse de prendre tes airs supérieurs, tais-toi. *(S'interrompant une seconde.)* Il y a quelques petites choses qui vous échappent, à vous tous. Et je vais t'en dire une, Annie. Dans ton cœur, au plus profond de ton cœur, tu l'attends toujours, j'en suis sûre.

ANNE, *résolument.*

Non, Kate.

MAMAN, *se faisant de plus en plus persuasive.*

Tout au fond de toi, Annie ?

CHRIS

Elle doit bien le savoir, quand même !

MAMAN, *regardant Anne, braquant son doigt sur elle.*

Ne te laisse pas influencer, je t'en supplie. N'écoute que ton cœur, seulement ton cœur.

ANNE, *se levant, s'avançant vers elle.*

Le vôtre vous dit qu'il est vivant ?

MAMAN

Il ne peut pas ne pas être vivant ! Il y a de ces choses qui ne peuvent pas ne pas se produire, comme il en est d'autres qui ne peuvent pas être. Je le saurais, Anne, s'il était mort, tout comme j'ai su que Chris *(désignant Chris)* était en danger lorsqu'il a participé à cette affreuse bataille. Est-ce qu'il m'avait écrit ? Est-ce que c'était dans les journaux, non, mais ce matin-là, je ne pouvais même pas faire un geste, même pas lever la tête de l'oreiller. Demande à Joe. Comme ça, tout d'un coup, je l'ai su. Et il a bien failli y rester ce jour-là, ce pauvre Chris. *(Silence.)* Tu sais que j'ai raison, Annie ?

(Elle se détourne, frémissante, et gagne l'arrière-plan.)

ANNE

Non, Kate.

MAMAN, *se figeant et restant un instant silencieuse.*

Je vais faire un peu de café.

(Franck apparaît à droite, portant une échelle.)

FRANCK

Annie. *(Il s'avance vers elle.)* Quelle surprise ! Comment ça va ?

ANNE, *lui serrant la main.*

Oh, mais dites donc, Franck, vous vous déplumez !

KELLER

C'est le poids des responsabilités. S'il n'était pas là, les étoiles ne sauraient plus quand s'allumer.

FRANCK, *riant à Anne.*

Vous vous êtes étoffée. Vous faites très femme, maintenant… vous…

KELLER

Hé hé ! T'énerve pas Franck, t'es un homme marié !

(Ils rient.)

ANNE, *sur les rires.*

Toujours dans la bonneterie ?

FRANCK

Toujours. Il n'y a pas de sot métier. Comment va votre frère ? Il a été admis au barreau, je crois ?

ANNE

George. Oh ! il a un cabinet d'affaires, maintenant.

FRANCK

Pas possible. *(Compatissant.)* Et votre père… il est ?

ANNE, *l'interrompant.*

Il va bien. Dites à Lydie que je passerai la voir.

FRANCK, *apitoyé.*

Et alors, votre papa espère bénéficier d'une remise de peine bientôt ?

ANNE, *avec une gêne croissante.*

Vraiment, je ne sais pas, je n'ai…

FRANCK, *s'acharnant à défendre son père par sympathie pour elle.*

Parce que moi, vous comprenez, j'estime que, si on mettait en prison un homme intelligent comme votre père, il devrait y avoir une loi d'après laquelle, ou bien on l'exécute tout de suite, ou bien on le relâche au bout d'un an. Parce qu'il suffit de jeter un coup d'œil sur…

CHRIS

Tu veux que je t'aide à porter l'échelle ?

FRANCK, *saisissant l'allusion.*

Non, ça ira, je… *(Il ramasse l'échelle.)* Je vais finir ce soir l'horoscope, Kate. *(Gêné.)* À plus tard, Anne. Vous êtes belle comme tout, vous savez !

(Elle lui fait un petit signe de tête, tandis qu'il sort par la droite. Tous se tournent vers Anne qui n'a pas bougé.)

CHRIS, *s'approchant d'elle.*

Ne te tourmente pas, voyons, il voulait simplement prendre de ses nouvelles.

ANNE, *s'adressant à tous.*

On continue à parler de papa ?

CHRIS

Personne ne parle plus de lui.

KELLER

Tout ça, c'est le passé, mon petit. C'est oublié ! Tiens, assieds-toi.

ANNE, *s'asseyant sur la chaise qu'il lui présente.*

Dites-le-moi sincèrement, parce que je n'ai pas envie de voir les voisins s'ils doivent…

CHRIS

Il ne faut pas te tracasser à ce sujet.

ANNE, *à Keller.*

Est-ce qu'ils se souviennent encore du procès ? Est-ce qu'ils parlent encore de nous ?

KELLER

La seule personne qui s'obstine à en parler, c'est ma femme.

MAMAN

Parce que tu n'arrêtes pas de jouer aux policemen avec les gosses. La prison, la prison, c'est le seul mot que leurs parents t'entendent prononcer ! *(À Anne.)* Je fais tout ce que je peux pour tâcher que les gens oublient cette maudite affaire et lui…

KELLER

En réalité, quand je suis sorti de prison, les gosses se sont tout de suite entichés de moi. Tu sais ce que c'est. Pour eux j'étais… *(il rit)* une sorte de héros de roman policier. Et, avec le temps, ils ont fini par tout confondre… si bien que… maintenant me voilà inspecteur… *(Il rit.)*

MAMAN

À part que les parents, *eux*, n'ont pas confondu le moins du monde. *(À Anne.)* Il décore tous les gosses du quartier avec des capsules de Coca-Cola. *(Tout le monde rit.)*

ANNE, *les considérant avec un étonnement émerveillé, joyeusement.*

C'est fou ce que je vous envie… de pouvoir rire.

CHRIS

Pourquoi donc, qu'est-ce que tu t'attendais à trouver ?

ANNE

Le dernier souvenir que j'ai de ce quartier, c'est un mot : « Assassin ! » Vous vous rappelez… Kate ? Mme Lund qui s'était plantée devant notre maison et qui hurlait… « Assassin ! » Elle est toujours par ici, je suppose !

MAMAN

Ils sont toujours là, tous…

KELLER

Et, tous les samedis soir, ils viennent jouer au poker ici, dans la cour. Toute l'équipe, tous ceux qui criaient : « À l'assassin », ils sont bien contents de me prendre mon argent, maintenant.

MAMAN

Cesse, Joe. Tu sais combien elle est sensible, ne lui raconte pas d'histoires. *(À Anne.)* Ils n'ont pas oublié, pour ce qui est de ton père. *(Désignant Joe.)* Lui, c'est différent, il a été acquitté ; tandis que ton père est toujours là-bas. C'est pourquoi je n'étais pas tellement enthousiasmée à l'idée de te voir. Sincèrement, je sais combien tu es sensible, j'ai dit à Chris, je lui ai dit…

KELLER

Écoute, fais comme moi, et tu t'en trouveras bien. Le jour où je suis revenu, je suis descendu de voiture, mais pas devant la maison… au coin de la rue. J'aurais voulu que tu sois là ; et toi aussi, Chris. Ça valait le coup d'œil. Tout le monde savait que je devais être libéré ce jour-là ; ils s'écrasaient sur le pas des portes. Essayez seulement de vous représenter la chose ; pas un seul d'entre eux ne me croyait innocent. Pour eux, j'étais sorti grâce à on ne sait quel passe-droit. Bref, je descends de l'auto et je longe la rue à pied, mais sans me presser, avec le sourire. J'étais le monstre ! L'homme qui avait vendu aux Forces aériennes des culasses fêlées. L'homme qui avait fait s'écraser au sol vingt-deux avions. Eh bien ! ma petite, en descendant la rue, ce jour-là, j'étais cent pour cent coupable, tu peux me croire ! À part que j'avais dans ma poche le papier du tribunal qui prouvait le contraire ! Donc j'avançais… sans me presser… avec le sourire… et tout le quartier sur le pas des portes… Résultat : quatorze mois plus tard, j'étais de nouveau à la tête d'une des plus belles usines de la région. Respecté de tout le monde… plus considéré qu'avant !

CHRIS, *admiratif.*

Joe Cœur de Lion !

KELLER, *d'un ton assuré, s'échauffant maintenant.*

Parfaitement ! La seule chose qui les démonte, c'est un type qui a de l'estomac. Tu n'aurais jamais dû partir d'ici. En t'en allant, tu n'as fait que compliquer les choses pour ton père. Et pour moi, par la même occasion. D'accord, ils jouent au poker avec moi, mais, dans leur for intérieur, ils n'en pensent pas moins. Ils se disent : « Keller, tu étais l'ami intime d'un assassin. » C'est pourquoi je tiens à le voir revenir habiter ici même, dans ce pâté de maisons.

MAMAN, *peinée.*

Comment veux-tu qu'il revienne habiter ici ?

KELLER

Tant qu'il ne sera pas là *(à Anne)*, tant que les gens n'auront pas recommencé à jouer aux cartes avec lui, à rire des mêmes choses… du moment qu'on joue aux cartes avec quelqu'un, ce quelqu'un ne peut pas être un assassin. Et la prochaine fois que tu écriras à ton père, tu peux le lui dire de ma part.

(Anne le regarde d'un air interloqué.)

KELLER

Tu m'entends ?

ANNE, *surprise.*

Vous ne lui en voulez pas ?

KELLER

Je ne suis pas pour crucifier les gens.

ANNE, *intriguée.*

Mais c'était votre associé, il vous a traîné dans la boue…

KELLER

Mon Dieu, je ne dis pas que je le porte dans mon cœur, mais le pardon, ça existe, il me semble ?

ANNE

Vous non plus, Kate, vous ne ressentez aucune…

KELLER

La prochaine fois que tu écriras à ton père…

ANNE

Je ne lui écris pas.

KELLER, *secoué.*

De temps en temps, tout de même, tu…

ANNE, *avec un peu de honte, mais résolument.*

Non, je ne lui ai jamais écrit. Mon frère non plus. *(À Chris.)* Et toi, Chris, tu ne lui en veux pas ?

CHRIS

Il a assassiné vingt-deux pilotes.

KELLER

Tu n'es pas fou ? Qu'est-ce que c'est que ce genre de réflexion ?

MAMAN

C'est pas permis de dire des choses pareilles de qui que ce soit ! Tu m'entends !

ANNE

Qu'y a-t-il d'autre à dire ? Quand on l'a arrêté, je l'ai suivi ; je n'ai pas raté un seul jour de visite. Je ne faisais que pleurer jusqu'au jour où vous avez reçu le télégramme au sujet de Tommy. Alors j'ai compris ; j'ai compris que j'avais tort de m'apitoyer sur l'homme qu'il était, fût-il mon père. Il a fait expédier des pièces d'avions fêlées, sachant qu'il envoyait des pilotes à la mort. Qui vous dit que Tommy n'était pas dans le lot, après tout ?

MAMAN

J'attendais ça. *(Elle va vers elle.)* Annie, tant que tu seras sous notre toit, je te demande de ne plus jamais dire une chose pareille.

ANNE

Je ne comprends pas. Je croyais que vous lui en voudriez, tout au moins.

MAMAN

Ce que ton père a fait n'a rien à voir avec Tommy, rien !

ANNE

En êtes-vous sûre ?

MAMAN, *s'efforçant de se maîtriser.*

Tant que tu seras dans cette maison…

ANNE, *perplexe.*

Mais voyons, Kate…

MAMAN

Ôte-toi ça de la tête.

KELLER

Parce que…

MAMAN, *à Keller, vivement.*

C'est tout, ça suffit ! *(Posant la main sur la tête d'Anne.)* Tu sais que nous avons des choses à ranger là-haut.

(Elle fait demi-tour et se dirige vers la maison.)

KELLER, *à Anne.*

La seule chose que tu oublies…

MAMAN, *d'un ton bref.*

Il n'est pas mort, alors la question ne se pose pas. Maintenant, viens.

KELLER, *d'un ton irrité.*

Tout à l'heure.

(Maman se détourne et rentre dans la maison.)

KELLER

Écoute-moi, Anne…

CHRIS

Oh ! c'est bon, parlons d'autre chose, papa…

KELLER

Non, il ne faut pas qu'elle ait ces idées-là ! Annie…

CHRIS

Finis, bon sang ! J'en ai assez de toute cette histoire.

KELLER

Tu veux qu'elle continue à se ronger les sangs ? *(À Anne.)* Écoute-moi. Les culasses en question n'allaient que sur des chasseurs. Alors, à quoi ça rime-t-il de te mettre dans cet état. Tu sais très bien que Tommy n'a jamais piloté de chasseurs.

CHRIS

Et qui les pilotait, les chasseurs, selon toi ? Des chiens ?

KELLER, *d'une voix très angoissée où perce un accent de prière de plus en plus intense.*

Il s'est conduit comme un imbécile, d'accord, mais ce n'est tout de même pas une raison pour en faire un assassin. Ma parole ! tu as perdu le sens ; regarde dans quel état tu la mets ! *(À Anne.)* Faut savoir comme ça se passait à l'usine, pendant la guerre. Une vraie maison de fous. Toutes les demi-heures, le colonel était pendu à l'appareil pour nous réclamer des culasses. Ils finissaient par nous faire tourner en bourriques avec leur sacré téléphone. Bon Dieu ! C'est à peine s'ils nous laissaient le temps d'emballer le matériel ! Enfin j'veux dire, faut se mettre à la place des gens… faut être humain, quoi ! Voilà que tout d'un coup il s'en amène une série qui est fêlée. Ça arrive, dans le métier. Une fente grosse même pas comme un cheveu. Très bien… alors que veux-tu… Ton père, c'est une petite nature… suffit de faire la grosse voix pour l'intimider. Qu'est-ce que le colonel va dire ? Toute la production d'une demi-journée de fichue. Et moi, qu'est-ce que je vais dire ? Tu comprends, faut se mettre à sa place… *(S'interrompant une seconde.)* Il prend ses outils et camoufle le défaut… Il a eu tort… C'est entendu, mais c'est humain, c'est ce que fait normalement un homme comme lui, un petit bougre. Si j'avais pu y aller, ce jour-là, je lui aurais dit : « Fous-moi tout ça au rebut, Jack, la maison peut se le permettre. » Seulement, tout seul, il n'a pas osé. Il ne pensait pas à mal. Il était persuadé qu'elles tiendraient le coup cent pour cent. Et pour beaucoup de culasses c'est ce qui s'est passé. On peut dire que c'est une faute, mais ce n'est pas un crime. Ça me révolte de voir une fille comme toi penser des choses pareilles de son père.

ANNE, *le considérant un moment.*

Okay ! Joe.

KELLER

Annie, le jour où la nouvelle est arrivée... au sujet de Tommy, ton père était dans la cellule à côté... et il a pleuré, Annie. Il a passé la moitié de la nuit à pleurer.

ANNE, *émue.*

Il aurait dû pleurer *toute* la nuit.

KELLER, *s'emportant presque.*

Annie, je ne comprends pas pourquoi tu...

CHRIS, *s'interposant vivement, d'une voix fébrile.*

Vas-tu finir oui ou non ?

ANNE

Ne l'attrape pas. Il voudrait simplement voir tout le monde content.

KELLER

Voilà ! Comment s'appelle donc ce restaurant, au bord du lac ? Swansen ! Je vais retenir une table ! On prendra des steaks au poivre.

CHRIS

Et du champagne !

KELLER

Plein la lampe ! Ça va barder ce soir, Annie !

ANNE

Okay ! Allez-y, je suis de taille à vous tenir tête !

KELLER, *à Chris, désignant Anne.*

Elle me plaît, cette petite. Si j'étais libre avec vingt ans de moins ! *(Ils rient. Keller s'avance vers la véranda.)* Je veux que tout le monde prenne une cuite carabinée, ce soir… Tu as des jambes ravissantes, Annie ! *(À Anne.)* Regarde-le rougir… Grand dadais !

CHRIS

Va boire ton café, Casanova !

(Montrant Chris du doigt, Keller rentre dans la maison avec un gros rire railleur et affectueux.)

CHRIS

C'est un type, mon père, hein !

ANNE

Tu es le seul être que je connaisse qui aime vraiment ses parents.

CHRIS

Oui, je sais bien, c'est passé de mode, j'imagine.

ANNE, *subitement attristée.*

Non, pourquoi ? C'est très bien. *(Elle va vers une chaise, jette un regard autour d'elle.)* Qu'il fait bon ici, l'air est si doux, si délassant…

CHRIS, *anxieusement.*

Tu ne regrettes pas d'être venue ?

ANNE

Je ne regrette pas, non. Mais je… je ne vais pas rester… parce que…

CHRIS

Parce que ?

ANNE

Ta mère ne m'a pas dit de m'en aller, mais c'est tout comme.

CHRIS

Oh ! tu sais, il ne faut pas…

ANNE

Devant toi elle l'a dit… et quant à toi…

CHRIS

Quoi ?

ANNE

Tu ne m'as pas facilité les choses depuis mon arrivée. Je te trouve bizarre.

CHRIS

Je voulais prendre mon temps… passer une huitaine de jours avec toi… de façon à… à trouver le courage de te parler… Mais ils ont pris les devants ; ils ont l'air de considérer la chose comme entendue entre nous.

ANNE

Je m'y attendais. De la part de ta mère, tout au moins. À ses yeux, pour quelle autre raison serais-je venue ici ?

CHRIS

Et alors… Tu accepterais ?… *(Anne le considérant attentivement.)* Tu te doutes… que, si je t'ai demandé de venir… c'est pour ça ?

ANNE

Et je crois bien que c'est pour ça que je suis venue.

CHRIS

Anne, je t'aime… je t'aime, je t'aime… énormément. *(Décisif.)* Je… je t'aime. *(Un silence, elle attend.)* Tu vois, je n'ai pas d'imagination. C'est tout ce que je trouve à te dire. Je te mets mal à l'aise, je le sens. J'aurais voulu un coin nouveau pour te parler loin d'ici, un coin tout neuf que ni toi ni moi n'aurions jamais vu… où nous aurions eu l'impression de faire connaissance.

ANNE, *lui touchant le bras.*

Pourquoi te sens-tu gêné ?

CHRIS

Tu sens bien que c'est déplacé ici, n'est-ce pas ? Cette cour, ce...

ANNE

Mais non, c'est très bien, Chris.

CHRIS

Je ne veux pas t'arracher à quoi que ce soit. Je voudrais que tu sois prête... sûre de toi.

ANNE

Oh ! Chris, il y a si longtemps que je suis prête.

CHRIS

Alors, tu ne penses plus à lui ? Plus du tout.

ANNE

J'ai failli me marier il y a deux ans.

CHRIS

Pourquoi ne l'as-tu pas fait ?

ANNE

Tu avais commencé à m'écrire...

(Un temps.)

CHRIS

Je comptais déjà pour toi, à cette époque ?

ANNE

Hun... hun...

CHRIS

Anne, pourquoi ne m'en as-tu jamais rien dit ?

ANNE

J'attendais que tu te décides, Chris. Jusque-là, tu ne m'avais jamais écrit. Et, quand tu as commencé, tu ne te compromettais pas beaucoup. Tu peux être bizarre quand tu t'y mets, tu sais.

CHRIS, *regardant la maison, puis Anne, et d'une voix tremblante.*

Embrasse-moi, embrasse… *(Ils s'embrassent.)* C'est fou ! Je t'ai embrassée ! Anne ! J'ai embrassé Annie ! Il y a si longtemps que j'en rêvais !

ANNE

Je ne te le pardonnerai jamais. Pourquoi ne t'es-tu pas décidé plus tôt ? Dire que j'étais là-bas toute seule à me demander si je n'étais pas folle de penser à toi.

CHRIS

Annie, nous allons vivre, maintenant ! Je vais te rendre si heureuse… tu verras.

(Il l'embrasse, mais en évitant que leurs corps ne se touchent.)

ANNE

Pas comme cela, en tout cas !

CHRIS, *il rit.*

Pourquoi ? Je t'ai embrassée…

ANNE

C'est le frère de Tommy qui m'a embrassée. Je veux que ce soit toi qui m'embrasses, Chris.

(Il s'écarte d'elle.)

ANNE

Qu'y a-t-il ?

CHRIS

Allons faire un tour en voiture... J'ai envie d'être seul avec toi.

ANNE

Non... Qu'est-ce que tu as, Chris ? C'est à cause de ta mère ?

CHRIS

Non, ce n'est pas ça...

ANNE

Alors qu'est-ce qui te gêne ?... Il faut que tu me le dises ; tu ne crois pas ? Autrement, cela ne pourrait jamais coller entre nous, tu le sens bien ? *(Court silence.)* Même dans tes lettres, je sentais de la réticence, comme une sorte de honte.

CHRIS

Oui, peut-être avais-je honte. C'est... c'est difficile à expliquer. Je ne sais par où commencer. C'est mêlé à tant d'autres choses, cela remonte si loin. Tu te rappelles que je commandais une compagnie au front ?

ANNE

Oui, bien sûr.

CHRIS

Eh bien, elle a été anéantie.

ANNE

Tous ont disparu ?

CHRIS

Presque tous.

ANNE

C'est atroce.

CHRIS

Anne, ces choses-là ne s'oublient pas ! Parce que, pour moi, vois-tu, ils n'étaient pas seulement des hommes. C'étaient des amis ! Et quels amis ! Ils vivaient les uns pour les autres. Pourtant s'ils avaient voulu être un peu plus égoïstes, rien qu'un peu plus égoïstes, ils seraient là, maintenant !

Moi, je les voyais tomber, jour après jour. Chaque fois, j'avais l'impression qu'on m'arrachait un morceau de moi-même. Jour après jour, tout craquait, tout croulait autour de moi. Alors, soudain, il m'a semblé que quelque chose de nouveau venait d'apparaître… une sorte de lien… de responsabilité de l'homme envers l'homme… et j'avais l'impression qu'il suffirait d'en parler après, de sortir des tombes cette évidence pour que chacun se sente réconforté, transformé, meilleur. *(Pause.)* Puis je suis revenu. C'était incroyable ! Tu me vois retrouvant ici les gens exactement pareils avec leurs petites manies, leurs petites préoccupations… comme s'il ne s'était rien passé. Oui, bien sûr il y avait eu la guerre… Mais eux voyaient ça de loin… un peu comme on s'imagine les catastrophes dans les journaux. Si bien que les gars qui pourrissaient là-bas faisaient figure de bien pauvres types.

Et le jour où je suis retourné à l'usine avec papa… où j'ai repris le collier, le petit traintrain… Eh bien non, je ne me sentais pas à l'aise, j'avais honte d'être là, d'ouvrir mon carnet de chèques, de me commander une voiture dernier modèle… Je sais bien que ce n'est pas forcément condamnable, que la guerre peut vous avoir rapporté des choses… Mais encore faudrait-il, lorsqu'on s'assied au volant de cette voiture, sentir que ce n'est pas seulement votre argent qui vous l'a procurée, mais que c'est avant tout un cadeau de l'homme à l'homme. Si l'on sent cela, on est forcé d'être un peu meilleur. Sinon tout ce que l'on possède est souillé. Jamais je n'aurais voulu y toucher. Et pour moi, tu étais parmi ces choses, Annie, comprends-tu ?

ANNE

Tu penses encore à ça ?

CHRIS

Non.

ANNE

Parce qu'il ne faut plus, tu sais.

CHRIS

Maintenant, je te veux pour moi, Annie.

ANNE

Je serai à toi, Chris. Tu as droit à tout ce qui te revient. Tout, Chris, tu entends ?

CHRIS

Si tu savais comme tu me rends heureux !

ANNE

Et l'argent aussi, il est à toi. Tu n'as pas à en avoir honte, Joe a sorti des centaines d'avions. Au contraire, tu peux en être fier. Il est normal qu'un homme soit payé pour cela.

CHRIS

Oh ! Annie, Annie... Je vais faire fortune pour toi.

ANNE, *riant doucement.*

Qu'est-ce que je ferai de la fortune ?

(Ils s'embrassent.)

C H R I S, *se balançant avec elle.*

Crois-moi, Annie, ça va être merveilleux, nous deux, merveilleux...

(Keller apparaît sur le seuil.)

K E L L E R, *désignant la maison d'un geste du pouce.*

Hé, Annie, ton frère. *(Ils s'écartent, un peu gênés. Keller descend les marches et d'un ton sarcastique.)* Eh ben, eh ben, je ne savais pas que c'était fête nationale, aujourd'hui.

C H R I S

Pourquoi ? *(Agitant la main comme pour le chasser, sachant que ses taquineries n'auront pas de fin.)* Ah, oui ! Ça va ! Ne te fatigue pas les méninges.

K E L L E R, *regardant autour de lui.*

On ne me prévient jamais. Je ne savais pas que c'était fête. Je ne vois pas de balançoires ni de marchand de nougat...

C H R I S, *ravi au fond.*

Ça va, on a compris.

A N N E, *gaiement.*

On n'a pas idée de nous tomber dessus sans prévenir !

K E L L E R

Je me mettrai une cloche au cou, la prochaine fois.

ANNE

C'est ce qu'on appelle une fine plaisanterie.

CHRIS

George Bernard Shaw déguisé en éléphant

KELLER

George… eh, au fait… ton frère est au téléphone.

ANNE, *étonnée.*

Mon frère ?

KELLER

Ouais, George, sur l'inter.

ANNE, *curieusement troublée.*

Qu'est-ce qu'il y a ? Il est arrivé quelque chose ?

KELLER

Je ne sais pas, Kate est en train de lui parler. Dépêche-toi sinon elle va lui coûter une fortune.

ANNE, *faisant un pas vers la maison, puis revenant vers Chris.*

Je me demande si nous n'avons pas tort de mettre ta mère au courant tout de suite. Elle n'a pas l'air très… enfin je veux dire, je n'ai pas envie de risquer une scène.

CHRIS

Attendons ce soir. Après le dîner. Mais laisse-moi faire ; ne te tracasse pas.

KELLER

Qu'est-ce que tu lui racontes ?

CHRIS

Va vite, Annie.

(Inquiète, Anne rentre à l'intérieur de la maison.)

CHRIS

Nous allons nous marier, papa.

(Keller hoche la tête d'un air indécis.)

KELLER, *préoccupé.*

Je suis très content, Chris, je t'assure... George téléphone de Cleveland.

CHRIS, *surpris.*

Cleveland ?

KELLER

Annie t'avait dit que George devait voir son père, aujourd'hui ?

CHRIS

Je ne crois pas qu'elle l'ait su.

KELLER, *l'interrogeant, mal à l'aise.*

Chris, tu... tu la connais bien, n'est-ce pas ?

CHRIS

Quelle question !

KELLER

Non, je me demandais simplement... Depuis des années que son père est en prison, George n'a pas été le voir. Et, brusquement, il y va... et *elle* vient ici.

CHRIS, *son visage s'assombrissant graduellement.*

Et alors ?

KELLER

Eh bien, ça me paraît bizarre. *(Pause.)* Elle n'a rien contre moi, n'est-ce pas ?

CHRIS

Je ne comprends pas ce que tu veux dire.

KELLER

Ce n'est pas tragique... Mais enfin, jusqu'à la dernière minute du procès, il s'est obstiné à me charger ; c'est tout de même sa fille. Je veux dire... imagine qu'elle soit venue ici pour essayer de trouver quelque chose.

CHRIS, *irrité.*

Trouver quoi ? Qu'y a-t-il à trouver ?

ANNE, *à l'appareil, de l'intérieur.*

Qu'est-ce qui t'a mis dans cet état, George ? Qu'est-ce qui s'est passé là-bas ?

KELLER, *avec un coup d'œil vers la maison.*

Enfin suppose qu'ils veuillent demander la révision du procès, histoire de nous embêter.

CHRIS

Papa, comment peux-tu penser cela d'elle ?

ANNE, *de l'intérieur.*

Mais qu'est-ce qu'il t'a dit ?

KELLER

C'est impossible, hein, tu es sûr ?

CHRIS

Papa, tu m'étonnes...

KELLER, *le coupant.*

C'est bon, c'est bon, n'en parlons plus. *(Énergiquement, tout en marchant de long en large.)* Tu comprends, je ne veux pas que cette vieille histoire puisse te faire du tort ; je veux te voir partir sur des bases nettes. Je vais faire changer le nom de l'usine. *(Geste.)* Établissements Christophe Keller, Société Anonyme.

CHRIS, *avec un peu de gêne.*

Je trouvais Joseph Keller très suffisant.

KELLER

Nous en reparlerons. Mais je vais te bâtir une belle maison, en pierre de taille, avec une allée qui partira de la route. Je veux te voir devenir quelqu'un, Chris.

Je veux que tu profites de ce que j'ai préparé pour toi... de l'argent que je t'ai amassé. *(Il est maintenant tout près de lui.)* Et que tu en profites... enfin je veux dire... avec joie, sans... gêne, tu comprends.

CHRIS, *touché.*

D'accord, papa.

KELLER, *profondément ému.*

Je veux l'entendre de ta bouche.

CHRIS

Pourquoi ?

KELLER

J'ai parfois l'impression que cet argent te fait honte.

CHRIS, *peiné.*

Non, ne crois pas cela.

KELLER

C'est de l'argent honnêtement gagné.

CHRIS

Mais j'imagine... cela va sans dire, non ?

KELLER, *tout à fait sûr de lui maintenant, débordant d'affection. Il empoigne Chris à la nuque et avec un sourire contenu derrière ses mâchoires énergiques.*

Ah, c'est maintenant que tu vas commencer à vivre, Chris ! On va saouler maman, ce soir. Je vais tellement la faire boire qu'on va tous se marier ! *(Il s'écarte sensiblement, ouvrant les bras dans un geste large.)* Ça va être un mariage mon petit, comme on n'en a jamais vu ! Des barils de bière, et du champagne à gogo ! Dis donc, Chris, tu me vois en queue de morue et en gibus !

(Il s'interrompt sur l'arrivée de maman et entend.)

ANNE, *de l'intérieur.*

Mais enfin, pour l'amour du ciel, qu'est-ce qu'il t'a dit ? C'est bon, alors viens. Oui, nous serons tous là, n'aie pas peur. Et tâche de te calmer un peu. Bon, bon, au revoir.

(Anne sort à son tour, la nervosité transparaît sur son visage. Elle descend et s'efforce de sourire en réponse à…)

CHRIS

Quelque chose qui ne va pas ?

ANNE

Il arrive par le train de sept heures. Il est à Cleveland.

KELLER, *prudemment.*

Qu'est-ce qu'il a ? Ton père est malade ?

ANNE, *sincèrement intriguée.*

Non, il n'est pas malade, je… je ne sais pas. *(Comme si elle ne voulait plus penser à tout cela.)* J'imagine que c'est encore une de ses histoires saugrenues. Vous connaissez mon frère. *(Brusquement, elle se tourne vers la maison, puis vers Chris.)* Allons nous promener... Enfin faisons quelque chose, n'importe...

CHRIS, *troublé, scrute un moment son visage, puis acquiesce.*

D'accord, on prend la voiture. *(À ses parents.)* On revient tout de suite, donne-moi les clés, p'pa.

KELLER

Prenez votre temps.

(Ils disparaissent le long de l'allée. Maman s'avance vers Keller et l'observe avec attention.)

KELLER, *à mi-voix, terriblement angoissé.*

Qu'est-ce qui est arrivé ? Pourquoi George a-t-il téléphoné ? Qu'est-ce qu'il a dit ?

MAMAN

Il est depuis ce matin à Cleveland avec Jack ; il veut voir Annie tout de suite.

KELLER

Pour quoi faire ?

MAMAN

Je ne sais pas. *(Elle ne cesse de l'épier. Il fait quelques pas les yeux rivés au sol, absorbé dans ses pensées. Elle lui dit, comme pour le mettre en garde.)* Il est avocat maintenant, Joe. George est avocat.

KELLER

Et après ?

MAMAN

Il est resté des années sans seulement envoyer une carte postale à son père. Depuis qu'il est revenu de la guerre, pas même une carte postale.

KELLER, *que la colère gagne.*

Et après ?

MAMAN, *incapable de se maîtriser, lâche brusquement.*

Et, tout d'un coup, il prend un avion de New York pour aller le voir. Un avion…

KELLER

Eh bien ?

MAMAN, *tremblante.*

Pourquoi ?

KELLER

Je ne suis pas extralucide. Tu l'es, toi ?

MAMAN

Qu'est-ce que son père pouvait bien avoir à lui dire ?

KELLER

En quoi veux-tu que ça m'intéresse, ce qu'il avait à lui dire ?

MAMAN

Tu es sûr de toi, Joe ?

KELLER, *effrayé, mais furieux.*

Évidemment, je suis sûr de moi.

MAMAN, *s'asseyant avec raideur.*

Tâche de jouer serré, Joe. George est son fils, prends garde !

KELLER, *se penchant vers elle, nez à nez, farouchement.*

Une fois pour toutes, tu n'as pas entendu ce que je t'ai dit ? Je t'ai dit que j'étais sûr de moi.

MAMAN, *acquiesçant faiblement.*

Très bien, Joe. *(Il se redresse.)* Tout de même prends garde ! Joue serré.

(Keller, en proie à la rage du désespoir, la regarde, fait demi-tour, gravit les marches et rentre dans la maison en claquant la porte grillagée derrière lui. Assise sur sa chaise, à l'avant-scène, le corps crispé, maman fixe le vide d'un regard qui pressent, qui voit.)

RIDEAU

Acte II

(Même décor, le même jour, à la tombée du soir. Au lever du rideau, on découvre, à droite, Chris, traînant dans l'allée la partie supérieure de l'arbre dont le tronc sectionné se dresse au milieu de la cour. Il porte un pantalon propre, des chaussures blanches et un tricot de flanelle. Il disparaît avec son fardeau à l'instant où maman se montre sur le seuil. Elle descend, se plante devant l'entrée de l'allée et reste un moment à le suivre des yeux. Elle est en robe de chambre et porte sur un plateau une carafe de jus de fruit et des verres.)

MAMAN, *criant à Chris.*

Tu avais bien besoin de mettre un pantalon propre pour faire ça !

(Pas de réponse, on n'entend que le raclement du feuillage de l'arbre sur les graviers. Elle vient à l'avant-scène et pose le plateau sur la table. Puis elle jette un regard autour d'elle. On la sent mal à l'aise ; elle tâte la carafe pour s'assurer de sa fraîcheur, ramasse un bout de papier qu'elle froisse machinalement et enfin s'assied. Au bout de quelques secondes, elle se lève

avec nervosité, serrant ses mains crispées et commence à marcher de long en large, touchant au passage les chaises, un buisson. Chris débouche de l'allée en se frottant les mains.)

MAMAN

Tu vois la clarté que ça donne, maintenant que tu l'as enlevé.

CHRIS

Pourquoi ne t'es-tu pas habillée ?

MAMAN

On étouffe là-haut. *(Pause.)* J'ai fait un jus de pamplemousse pour George. Il adore ça, le pamplemousse au gin.

CHRIS

Où est papa ?

MAMAN

Là-haut. Il dort.

CHRIS

Qu'est-ce qu'il a à tout le temps dormir ?

MAMAN

Il est tourmenté. Quand quelque chose le tourmente, il dort. *(Elle le regarde dans les yeux.)* Chris, ton père et moi nous sommes des gens simples, pas très intelligents. Nous n'avons pas beaucoup d'instruction. Nous avons besoin que tu sois là pour nous protéger.

CHRIS

Tu es bête ! Qu'est-ce que vous pourriez bien avoir à craindre ?

MAMAN

Jack n'a jamais cessé de charger ton père et de soutenir que c'est lui qui l'avait poussé à faire ce qu'il a fait. Si par hasard George avait dans l'idée de faire réviser le procès… Je sens que je ne supporterais pas. Endurer ça une deuxième fois ! Jamais !

CHRIS

Comment peux-tu prendre George au sérieux ? Tu sais bien que c'est un hurluberlu !

MAMAN

Ils nous détestent, dans cette famille. Même Anne… je ne serais pas étonnée qu'elle…

CHRIS

Oh ! voyons, maman…

MAMAN

Toi, parce que tu aimes tout le monde, tu t'imagines que tout le monde t'aime. Je t'assure, tu ne soupçonnes pas la méchanceté des gens, Chris, ce qu'ils peuvent avoir de haine en eux. Nous étions si bien, si tranquilles, entre nous, ici. Quel besoin avais-tu de les réintroduire dans notre maison ? Nous avons trimé toute notre existence pour avoir un petit quelque chose à nous, et maintenant…

CHRIS

C'est bon, ne te monte pas la tête. Laisse-moi faire, tout se passera bien.

MAMAN

Quand George partira, arrange-toi pour qu'elle parte avec lui.

CHRIS, *sans se compromettre.*

Ne t'inquiète pas au sujet d'Annie.

MAMAN

Jack est son père.

CHRIS

Cesse, je t'en prie !

MAMAN, *gagnant le fond de la scène avec lui.*

Tu ne connais pas les gens, Chris ; quand ils vous en veulent ils mettraient le monde à feu et à sang, simplement par rancune.

(Anne, habillée pour sortir, apparaît sur le seuil.)

CHRIS

Tu vois ? Elle est déjà habillée.

(Il gravit les marches du perron en même temps que sa mère.)

ANNE, *d'un air préoccupé.*

Vous vous sentez bien, Kate ?

MAMAN, *s'efforçant de sourire.*

Oh ! tu sais, ma petite, ça n'a pas beaucoup d'importance. Il y a des gens, plus ils sont malades, plus ils vivent vieux.

(Elle rentre dans la maison.)

CHRIS, *à mi-voix, lui touchant le nez du bout du doigt.*

Tu es belle comme tout.

ANNE

Alors c'est décidé ? On lui annonce la chose ce soir...

CHRIS

Absolument, laisse-moi faire.

ANNE

Je voudrais pouvoir le lui dire maintenant. J'ai horreur d'avoir l'air de conspirer.

CHRIS

Personne ne conspire ; il s'agit simplement de la mettre de bonne humeur.

ANNE

Le seul qui ne s'en fasse pas ici, c'est ton père. *(Elle rit.)* Il dort comme un bienheureux.

CHRIS

Moi, je ne m'en fais pas. Je suis calme.

ANNE

Tu en es sûr ?

CHRIS

Regarde ! *(Il tend la main et fait semblant de trembler violemment. Ils rient. Il lui donne une tape sur les fesses.)* Préviens-moi dès que George sera là.

(Il rentre dans la maison, Anne descend du perron. Elle se promène de long en large, sans but. Puis elle est attirée vers l'arbre décapité. Elle s'approche du tronc et touche d'une main hésitante la cassure du bois. Suzy arrive, venant de la gauche, et s'immobilise en apercevant Anne. Anne ne l'a pas vue.)

SUZY

Est-ce que mon mari ?…

ANNE, *sursautant et se retournant.*

Oh !…

SUZY, *s'avançant vers elle.*

Oh, pardon ! Excusez-moi.

ANNE, *avec un rire gêné.*

Mais je vous en prie. C'est idiot, mais je me sens toujours un peu nerveuse dans le noir. L'habitude de vivre en ville, sans doute…

SUZY, *regardant autour d'elle.*

C'est vrai qu'il commence à faire sombre.

ANNE

Vous cherchez votre mari ?

SUZY

Comme d'habitude. *(Avec un rire las.)* Il est toujours fourré ici. On devrait lui faire payer un loyer.

ANNE

Comme personne n'était habillé, il est allé chercher mon frère à la gare.

SUZY

Ah, votre frère va venir ?

ANNE

Oui, ils vont être là tout de suite. Je vous sers un peu de jus de pamplemousse ?

SUZY

Volontiers, merci. *(Suzy s'assied, bizarrement inquiète tandis qu'Anne va remplir un verre à la table. D'un air désabusé.)* Ah ! mon époux... Il fait trop chaud pour me conduire à la plage... Mais pour les Keller... Les hommes sont de vrais gosses : toujours prêts à tondre la pelouse du voisin.

ANNE

Les gens ont toujours aimé se rendre utiles aux Keller. D'aussi loin que je puisse me souvenir.

SUZY, *avec une pointe d'agacement.*

Ils ont de la chance. Votre frère vient sans doute pour votre mariage ?

ANNE, *lui tendant un verre.*

Les nouvelles vont vite.

SUZY

Vous devez être très émue.

ANNE

C'est toujours un tel problème de se marier, vous ne trouvez pas ?

(Elle s'assied.)

SUZY

Oh, c'est surtout une question de physique. *(Elle rit.)* Pour vous, ça ne doit pas être compliqué !

ANNE

Oh ! bien sûr, j'ai eu des occasions...

SUZY

Je n'en doute pas. *(Une pause.)* Je trouve cela très romanesque... d'épouser le frère de son fiancé.

ANNE

Pourquoi donc ? Pour moi, c'est tout simple : chaque fois que j'ai besoin de m'entendre dire des vérités, je me tourne instinctivement vers Chris. Avec lui, jamais de doute ou de faux-fuyants. C'est reposant.

SUZY

Sans compter qu'il a de l'argent. Ça a son importance.

ANNE

Pas pour moi.

SUZY

On dit ça. Mais l'argent, ça change tout. Moi, j'ai épousé un étudiant en médecine. Nous n'avions que mon salaire pour tout potage. Et ça, c'était une bêtise, parce que, dès qu'une femme entretient un homme, il est son obligé ; et on en veut toujours à quelqu'un d'être son obligé. *(Anne rit.)* C'est vrai, je vous assure.

ANNE

Au fond, le docteur vous est très dévoué.

SUZY

Oh ! bien sûr, mais c'est dur pour un homme d'avoir constamment les barreaux de sa cage devant les yeux.

ANNE, *d'un ton désapprobateur.*

Oh !…

SUZY

C'est pourquoi je voulais vous demander un petit service, Anne. C'est très important pour moi.

ANNE

Volontiers, si je peux.

SUZY

Vous le pouvez. Quand vous vous installerez, tâchez que ce soit loin d'ici.

ANNE

Vous plaisantez ?

SUZY

Je suis on ne peut plus sérieuse. Mon mari est très malheureux à cause de Chris.

ANNE, *interloquée.*

Comment cela ?

SUZY

Mon mari a une bonne clientèle ; mais il a derrière la tête l'idée de faire du laboratoire. Découvrir des choses, vous comprenez ?

ANNE

Et alors ? Ce n'est pas bien ?

SUZY

C'est parfait, à condition de se faire ermite. Très joli, les recherches scientifiques. Ça rapporte vingt-cinq dollars par semaine. Et se lancer là-dedans, c'est sacrifier son existence.

ANNE

Qu'est-ce que Chris… ?

SUZY, *se levant, avec une ferveur grandissante.*

Ne vous hérissez pas, je l'aime beaucoup. Mais, pour ses amis, Chris est une catastrophe.

ANNE

Une catastrophe ?

SUZY

Mon mari est père de famille. Chaque fois qu'il sort de voir Chris, il a l'impression qu'en ne plaquant pas tout pour le laboratoire, il fait des concessions. Comme si tout le monde n'était pas obligé de faire des concessions. C'est une marotte qui le prend comme ça tous les deux ans. Il se lie avec quelqu'un et le met sur un piédestal…

ANNE

Il a peut-être raison ! Non pas que je voie Chris en statue, mais…

SUZY

Allons donc, ma petite, vous savez bien que tout ça, c'est de la comédie.

ANNE

Absolument pas, Chris…

SUZY

Allez, allez ! Ce garçon travaille avec son père, n'est-ce pas ? Chaque semaine il touche de l'argent de l'usine ?

ANNE

Quel mal y a-t-il à cela ?

SUZY

C'est vous qui me le demandez ?

ANNE

Parfaitement. *(Silence. Elle semble prête à éclater.)* Je ne comprends pas ce que vous voulez dire ! Ça me surprend beaucoup de votre part, ce genre de sortie !

SUZY

Ah ! ça vous surprend ?

ANNE

Jamais il n'accepterait un sou de l'usine s'il soupçonnait quoi que ce soit de louche.

SUZY

Vous en êtes bien sûre ?

ANNE

Parfaitement, et vos insinuations me déplaisent.

SUZY, *s'approchant d'elle.*

Vous savez ce qui me déplaît, à moi ?

ANNE, *effrayée et troublée.*

Je vous en prie…

SUZY

Eh bien ! c'est de vivre porte à porte avec la sainte famille Keller ! Parce qu'à ce moment-là moi, j'ai l'air d'une rien du tout, comprenez-vous ?

ANNE

Que voulez-vous que j'y fasse ?

SUZY

Tout le monde sait très bien que c'est grâce à une combine quelconque que Joe est sorti de prison. Donnez-vous seulement la peine d'aller dans la rue, de parler aux gens. Tout le quartier est au courant.

ANNE

Vous mentez ! Les Keller sont très bien avec tous leurs voisins. Ils viennent jouer aux cartes ou…

SUZY

Et après ? Il leur en impose par son cran et son aplomb. Je l'admire. Il a le sens pratique. Mais, si Chris veut que les gens soient des idéalistes, qu'il commence donc par donner sa pelisse. Il est en train de rendre Jim complètement fou ! *(Chris paraît sur le perron. Il a mis une chemise et une cravate. Elle l'entend arriver et se retourne vivement. Souriante.)* Bonjour, Chris ! Comment va la maman ?

CHRIS

Je croyais que c'était George.

SUZY

Non, ce n'était que nous.

CHRIS, *descendant du perron et s'avançant vers elles.*

Suzy, vous ne voudriez pas monter voir maman ? Elle est dans tous ses états. Vous pourriez peut-être la calmer.

SUZY

Elle ne sait encore rien… pour vous deux ?

CHRIS, *avec un petit rire.*

Mon Dieu ! elle doit vaguement s'en douter ; vous connaissez ma mère.

SUZY, *gagnant le perron.*

Oui, elle a des antennes.

CHRIS

Il y a peut-être quelque chose dans l'armoire à pharmacie.

SUZY

Je vais lui donner une pilule de tous les flacons. *(Du perron.)* Ne vous tracassez pas pour Kate ; un ou deux verres de vin, deux ou trois tours de valse… Et elle sera folle d'Annie… *(À Anne.)* Vous serez une compagne parfaite pour Monsieur… *(Elle montre Chris, Chris rit.)*

ANNE, *Suzy pénétrant dans la maison.*

Qu'est-ce qu'elle veut dire ?

CHRIS

Oh ! rien… Elle est intéressante, hein ?

ANNE, *s'écartant de lui, mal à l'aise.*

Oui… très.

CHRIS

Tu sais, c'est une infirmière extraordinaire… elle…

ANNE, *crispée, mais s'efforçant de se dominer.*

Tu recommences ?

CHRIS, *sentant confusément que quelque chose ne va pas, mais toujours riant.*

Je recommence quoi ?

ANNE

Tu ne peux pas voir quelqu'un sans aussitôt éprouver le besoin de le monter en épingle. Comment sais-tu que c'est une infirmière extraordinaire ?

CHRIS

Qu'est-ce qui se passe, Annie ?

ANNE

Cette femme ne peut pas te sentir, elle te hait.

CHRIS

Quoi ?... Qu'est-ce qui te prend, subitement ?

ANNE, *s'asseyant. Misérablement.*

Oh ! Chris...

CHRIS

Mais qu'est-ce qui s'est passé entre vous deux ?

ANNE, *le considérant avec un air à la fois effrayé et perplexe.*

Pourquoi ne m'avais-tu pas parlé franchement ?

CHRIS

Comment ?

ANNE

Elle prétend que les gens pensent que Joe est coupable.

CHRIS, *détournant les yeux.*

Oui... *(Il la regarde.)* Et après ?...

ANNE

Pourquoi m'avais-tu dit que c'était fini ?

CHRIS

Quelle importance cela peut-il avoir, ce qu'ils pensent ?

ANNE

Je m'en moque, mais ce que je ne comprends pas, c'est que tu te sois donné tant de mal pour le nier. Tu m'avais dit que tout était oublié.

CHRIS

Je ne voulais pas que tu te sentes gênée en venant ici, voilà tout. Je sais qu'un tas de gens croient mon père coupable. Mettons que j'aie... supposé... qu'il pouvait subsister un doute dans ton esprit.

ANNE

Je ne t'ai jamais dit que je le soupçonnais.

CHRIS

Personne ne le dit. *(Silence, leurs regards se croisent. Avec un rire forcé.)* Quelle mouche t'a piquée tout d'un coup. Te voilà...

ANNE, *s'avançant jusqu'à lui.*

Je sais combien tu aimes ton père.

CHRIS

Tu t'imagines que je pourrais lui pardonner, s'il avait fait ça ?

ANNE

Écoute, Chris, j'ai passé de sales moments. J'ai rompu complètement avec mon père et si maintenant je m'aperçois qu'il y a ici des choses pas claires...

CHRIS

Je te comprends, Annie.

ANNE

George s'amène de là-bas. Je ne crois pas qu'il se dérangerait pour nous apporter sa bénédiction.

CHRIS

Nous n'avons rien à craindre de George.

ANNE

Répète-le-moi. Répète-le-moi. J'ai tant besoin de l'entendre.

CHRIS, *lui prenant les mains.*

Papa est innocent, Annie. Tu m'entends, innocent. Je sais que les gens racontent des choses et que, par moments, il peut donner l'impression d'être inquiet, mais, quand on a déjà été accusé à tort et qu'on a enduré tout ce qu'il a enduré, on a le droit de ne pas se sentir à l'aise. Mets-toi une seconde à sa place. Annie, je t'assure, tu n'as pas à te reprocher d'être venue. Crois-moi, mon petit.
(Il hésite une seconde, puis l'enlace. Ils s'embrassent à l'instant où Keller apparaît silencieusement sur la véranda. Il les observe.)

KELLER

Je ne savais pas que c'était fête ! *(Ils s'écartent brusquement avec un rire confus. Keller descend.)* Il ne manque plus que les lampions, ça ferait une vraie guinguette, cette cour !

CHRIS

Je croyais que tu devais te raser ?

KELLER, *s'asseyant.*

Dans cinq minutes. Je ne vois pas clair quand je me réveille.

ANNE

Vous avez l'air d'être rasé.

KELLER

Oh ! non. *(Se triturant la mâchoire.)* Il faut que ce soit du fignolé. Que je sois beau, aujourd'hui. C'est la grande nouba, ce soir, Annie ! *(Il croise les jambes.)* Quel effet ça fait-il de se marier ?

ANNE, *riant.*

Je ne sais pas encore.

KELLER

Dis-moi, Annie... J'ai pensé à une chose. *(Ils attendent qu'il parle. Il s'interrompt pour se donner du courage et ferme à demi les yeux, l'air songeur.)* Tu sais que j'aime bien ton frère. La vie n'a pas été drôle pour lui, depuis son retour. Rester enfermé dans les bureaux, lutter à couteaux tirés avec toute cette concurrence, là-bas à New York, se détraquer la santé... alors que j'ai tant de possibilités ici. Je suis au mieux avec les ténors du barreau comme on dit. Je pourrais faire quelque chose pour George. Je voudrais le voir s'établir ici.

ANNE

C'est extrêmement gentil de votre part, Joe.

KELLER

Non, mon petit, ce n'est *pas* une question de gentillesse. Je voudrais que tu comprennes… C'est à vous deux que je pense. *(Un temps.)* Je pense à Chris, alors… les discours, ce n'est pas mon fort, mais je vais essayer de t'expliquer tout de même. Tu es encore jeune. Mais, en vieillissant, on a besoin de sentir qu'on a réussi quelque chose dans la vie. Moi, tout ce que j'ai réussi, c'est mon fils : *mes* fils, mais je n'ai plus que lui. Je ne suis pas un aigle ; c'est tout ce que j'aurais accompli dans mon existence… Annie… je veux être sûr que, quoi qu'il arrive, mon fils… restera mon fils… Que rien ne viendra mettre… mettre la zizanie… Tu comprends ?

ANNE

Non. Pourquoi dites-vous cela ?

KELLER

Parce que… Il faut voir les choses comme elles sont, un père est un père… Le tien m'en veut à mort. Tu sais qu'il n'a pas cessé de m'accuser de l'avoir mis là où il est, et un tas d'autres choses… Tu le sais ?

ANNE

Oh ! il dirait n'importe quoi.

KELLER

D'accord. Il dirait n'importe quoi, mais n'oublie pas que, dans un an, dix-huit mois au plus, il sera libéré. Chez qui va-t-il aller ? Chez sa fille. Chez toi. Tu vas le voir arriver chez toi, vieilli, aigri.

ANNE

Ça ne changera pas mes sentiments.

KELLER

Tu dis ça maintenant ; mais crois-moi, Annie, quand il t'aura rebattu les oreilles toute la journée avec la même histoire, tu finiras par l'écouter. Alors, tu te rends compte… Tout ce fiel qu'il a dû ruminer là-bas, je ne veux pas que ça vienne empoisonner nos rapports.

(Il désigne alternativement Chris et lui-même.)

ANNE

Joe, je puis vous assurer que cela n'arrivera jamais.

KELLER

Tu es amoureuse, en ce moment, Annie ; mais j'ai plus d'expérience que toi ; crois-moi, un père est un père et sa fille reste sa fille. *(Un temps.)* Écoute : ton père ne voudrait pas m'adresser la parole. Ce n'est pas à moi d'aller le trouver. Mais toi, il t'écoutera, et il écoutera ton frère. Je voudrais… que vous alliez tous les deux le voir à la prison pour lui dire… : « Papa, Joe est prêt à te prendre dans son affaire quand tu sortiras. »

ANNE, *surprise, choquée même.*

Vous le reprendriez comme associé ?

KELLER

Non, pas comme associé. Je lui donnerai… une bonne place. *(Un temps. Il se rend compte qu'elle est à la fois choquée et intriguée. Il se lève et d'un ton moins assuré.)* Tu comprends, Annie, je tiens à ce qu'il sache, pendant qu'il se ronge là-bas, qu'il a une place qui l'attend ici. Ça l'aiderait à tenir le coup. Rien de tel que du travail en perspective pour vous mettre du baume dans le cœur.

ANNE, *d'une voix un peu effarée, mais protestant néanmoins fermement.*

Joe, vous ne lui devez rien.

KELLER

Non… non… je lui dois un coup de pied dans les dents.

CHRIS, *avec colère.*

Alors, donne-lui un coup de pied dans les dents ! Je ne veux pas de lui à l'usine, c'est clair ? Et ne parle pas de lui sur ce ton. Les gens pourraient s'imaginer des choses.

KELLER

Eh bien ! moi, je ne comprends pas pourquoi elle s'acharne contre lui.

CHRIS

C'est son père, et si elle le juge bon...

KELLER

Non... non...

CHRIS, *avec une pointe d'irritation.*

Qu'est-ce que ça peut bien te faire ?

KELLER, *sa surexcitation et son angoisse sont telles que, perdant toute retenue, il éclate.*

Un père est un père ! *(Il se passe la main sur la joue.)* Je ferais bien... d'aller me raser. *(Il fait deux ou trois pas dans la direction de la maison, puis se retourne, montrant un visage souriant. Désignant Annie du doigt.)* Je n'ai pas voulu t'effaroucher, tu sais, Annie...

ANNE

Ne pensons plus à cette histoire, Joe.

KELLER

Entendu. *(À Chris.)* Elle est adorable !

CHRIS

Va te raser, raseur !

KELLER

On y va, on y va !

(Au moment où il se retourne vers le perron, Lydie arrive de chez elle, en courant, par la droite.)

LYDIE, *à Joe.*

J'avais complètement oublié... *(Apercevant Chris et Anne.)* Salut ! *(À Joe.)* J'avais promis de coiffer Kate ce soir. Est-ce qu'elle s'est déjà lavé les cheveux ?

KELLER

Toujours le sourire, hein, Lydie ?

LYDIE

Bien sûr, pourquoi pas ?

(Lydie gravit les marches.)

KELLER

Monte vite coiffer Katy ! Qu'elle soit la plus belle ! *(À la porte il se retourne vers Anne et Chris.)* Hé ! ça pourrait faire des vers ! *(Il chante à mi-voix, agréablement.)* Monte vite coiffer Katy, qu'elle soit la plus belle. *(Lydie le précède dans la maison.)* « Pour avoir l'air d'un ange... Elle n'a pas besoin d'ailes. » *(À Anne.)* Pas mal pour un ignare, hein !

(Jim débouche de l'allée. Il a marché vite, il s'arrête, on le sent surexcité.)

CHRIS, *voyant que Jim ne se décide pas à parler et se borne à les observer.*

Qu'est-ce qui se passe, où est-il ?

JIM

Où est votre mère ?

CHRIS

En haut, en train de s'habiller.

ANNE

George n'est pas arrivé ?

JIM

Il est là. Je lui ai demandé d'attendre dans la voiture. Maintenant, écoutez-moi. *(Prenant Anne par la main, il l'entraîne vers l'avant-scène à l'écart de la maison et lui dit tout bas d'une voix chargée d'excitation contenue.)* Je vais vous donner un conseil… *(Elle attend.)* Ne l'amenez pas ici.

ANNE

Pourquoi ?

JIM

Cela ne me regarde pas, mais Kate n'est pas bien ; elle ne supporterait pas un esclandre.

ANNE

Quel esclandre ?

JIM

Ne faites pas l'innocente, vous savez très bien ce qui l'amène, il est fou furieux. Emmenez-le faire un tour en voiture et parlez-lui seul à seul.

CHRIS

Oh ! vous radotez, mon vieux. Je vais m'occuper de lui.

(Il se dirige vers l'allée, Jim l'arrête.)

JIM

Il est venu la chercher. *(Leurs yeux se croisent.)* Qu'est-ce que cela signifie ? *(Se tournant vers Anne.)* Vous le savez, vous ? Allez vous expliquer avec lui ailleurs.

ANNE, *péniblement à Chris.*

Je vais l'emmener quelque part. *(Elle fait un pas vers l'allée.)*

CHRIS

Arrête, Annie. *(Elle s'immobilise.)*

JIM

Cessez de faire l'imbécile !

CHRIS, *avec indignation.*

Ça suffit ! Personne n'a peur de lui, ici !

(Il franchit l'entrée de l'allée et se trouve nez à nez avec George qui arrive. George a le même âge que Chris, mais il a le teint plus pâle et l'on sent qu'il ne se domine qu'à grand-peine. Il parle d'un ton extrêmement calme, comme s'il avait peur de se mettre soudain à hurler. Une seconde d'hésitation et Chris s'avance

vers lui, la main tendue, souriant, s'efforçant de mettre un peu de chaleur dans son accueil.)

CHRIS

Eh bien, quoi !... en voilà des façons ! Qu'est-ce que tu attendais tout seul là-bas ?

GEORGE

Le docteur m'avait dit que ta mère n'était pas bien, alors j'ai...

CHRIS

Alors quoi ? Elle voudrait tout de même te voir ; non ? *(L'entraînant vers l'avant-scène.)* Nous t'avons attendu tout l'après-midi.

ANNE, *touchant le col de sa chemise.*

Ton col est sale, tu aurais pu apporter une chemise propre.

(Suzy sort de la maison.)

SUZY

Alors, tu ne m'emmènes pas à la plage, Jim ?

JIM

Oh, je n'ai pas envie de conduire par cette chaleur.

SUZY

Tiens ! Et comment es-tu allé à la gare ? En hélicoptère ?

CHRIS

Suzy, je vous présente le frère d'Annie ; George, Mme Bayliss.

SUZY, *lui serrant la main.*

Bonjour.

GEORGE, *ôtant son chapeau.*

C'est bien vous qui avez acheté notre maison, n'est-ce pas ?

SUZY

Oui, avant de partir, vous viendrez voir ce que nous en avons fait.

GEORGE

Elle me plaisait telle qu'elle était.

SUZY, *à Anne.*

Il est franc, au moins.

ANNE

Oui, c'est une nature, mon frère.

JIM, *prenant sa femme par la main.*

À plus tard. *(À George, tandis qu'il s'éloigne avec Suzy, vers la gauche.)* Ne vous frappez pas, mon vieux.

CHRIS, *sur la sortie de Suzy et de Jim.*

Merci d'avoir été le chercher à la gare. *(Suzy et Jim sortent.)* Un peu de jus de pamplemousse ? Maman l'a fait exprès pour toi. Avec un soupçon de gin.

GEORGE, *d'un ton de gratitude un peu forcé.*

Ah, cette brave Kate, elle s'est rappelé ma passion pour le jus de pamplemousse.

ANNE

Non, pour le gin.

(Anne va remplir un verre.)

CHRIS

Tu en as assez bu dans cette maison. Alors qu'est-ce que tu es devenu George ? Assieds-toi.

GEORGE, *d'une voix oppressée, sans cesser de s'agiter.*

Laissez-moi respirer. *(Jetant un regard autour de lui.)* Je n'arrive pas à le croire.

CHRIS

Quoi donc ?

GEORGE

Que je suis là.

CHRIS

Mais dis donc, tu as l'air d'être devenu bien nerveux.

GEORGE

Oui. Toujours, le soir. Et toi, qu'est-ce que tu es devenu ? Un grand personnage ?

CHRIS

Couci-couça… Et la loi, ça rend ?

GEORGE, *avec un sourire forcé.*

Oh ! doucement. Quand je faisais mon droit, j'y croyais, mais, quand on commence à pratiquer, on devient sceptique. La justice, tu sais… C'est extraordinaire comme les peupliers ont grandi ! *(Anne et Chris se regardent. Il montre le tronc brisé.)* Qu'est-ce que c'est ?

CHRIS

La tempête qui l'a abattu, cette nuit. Nous l'avions planté pour Tommy. Tu sais bien.

GEORGE

Pourquoi ? Vous aviez peur de l'oublier ?

CHRIS

Qu'est-ce que c'est que ce genre de réflexion ?

ANNE, *intervenant.*

Depuis quand portes-tu un chapeau ?

(Elle s'avance vers lui un verre à la main.)

GEORGE, *s'aperçoit qu'il tient son chapeau à la main.*

Depuis aujourd'hui. *(S'adressant directement à elle, presque hors de lui.)* D'ailleurs, j'ai décidé d'adopter l'allure d'un avocat, désormais. *(Lui montrant le chapeau.)* Tu ne le reconnais pas ?

ANNE

Comment ?…

GEORGE

C'est celui de ton père. *(Le jetant sur une chaise.)* Il m'a demandé de le porter.

ANNE, *par devoir, craintivement.*

Comment va-t-il ?…

GEORGE, *riant entre ses dents.*

Pas très bien.

ANNE

Oh !

GEORGE

Oui, il s'est ratatiné. *(Geste de la main.)* Les bonnes poires en général, c'est ce qu'il leur arrive.

CHRIS, *un soupçon d'agressivité dans la voix.*

Qu'est-ce qu'il y a, George ? Qu'est-ce qui te prend ?

GEORGE, *posant son verre.*

Un sourire sardonique apparaît sur son visage.

Il y a que lorsqu'on s'est foutu une fois des gens, on ne devrait pas essayer de recommencer !

CHRIS

Ce qui veut dire ?

GEORGE, *à Anne.*

Tu n'es pas encore mariée, au moins ?

ANNE, *effrayée.*

George, veux-tu t'asseoir et cesser de...

GEORGE

Est-ce que tu es mariée ?

ANNE

Non, je ne suis pas encore mariée.

GEORGE

Alors, tu ne l'épouseras pas.

ANNE, *s'insurgeant.*

Et pourquoi, je te prie ?

GEORGE

Parce que son père a détruit ta famille.

(Silence. Anne ne bouge pas. Chris élève la voix.)

CHRIS

Hé, minute, George !...

GEORGE

Abrégeons, Chris. Dis-lui de repartir avec moi. Inutile de discuter, tu sais ce que j'ai à te dire.

CHRIS

Décidément tu seras toujours le même. Tu fonces tête baissée sans savoir où tu vas. On n'a pas idée de s'amener avec des boniments pareils. Tu n'es pas un enfant !

GEORGE, *l'air de dire : tu parles !*

Justement je ne suis plus un enfant !

CHRIS

Alors n'entre pas ici comme un ours ! Si tu as quelque chose à dire, dis-le poliment. Tu ne m'as même pas dit bonjour.

GEORGE, *d'un air interloqué.*

Je n'ai pas de leçons de politesse à recevoir de toi.

CHRIS

Vas-tu cesser de te conduire comme un gamin ?

ANNE, *vivement, pour prévenir un éclat chez son frère.*

Assieds-toi, ne te fâche pas. Qu'y a-t-il ? *(Il se laisse faire et s'assied sans la quitter des yeux.)* Qu'est-il arrivé ? Quand je suis partie, tu m'as embrassée gentiment et maintenant tu...

GEORGE, *haletant. Pour elle seule.*

Depuis, ma vie a été bouleversée. Après ton départ, je ne me sentais plus le goût à travailler. L'envie m'a pris d'aller voir papa pour lui annoncer ton mariage. Je ne l'avais pas vu depuis mon retour de la guerre. Annie, tu ne sais pas ce que cet homme a pu endurer, tu ne sais pas ce qui s'est passé !

ANNE, *craintivement.*

Mais si, je le sais, voyons !

GEORGE

Si tu le savais, tu ne serais pas ici ! Joe a dit à papa au téléphone de camoufler les culasses à la soudure autogène et de les expédier telles qu'elles. Papa avait peur. Il ne savait pas si elles tiendraient en vol. Mais Joe lui a dit qu'elles tiendraient et lui a juré… Annie, il lui a juré au téléphone que, s'il arrivait quelque chose, il prendrait toute la responsabilité. Malgré tout, papa a insisté, il ne voulait pas le faire en son absence. Mais penses-tu… impossible ; pas moyen qu'il vienne… Il est malade, malade ! Il attrape la grippe… comme ça brusquement. Mais il promet de prendre la responsabilité. Comprends-tu ce que je veux dire ? Au téléphone. Juridiquement ça ne tient pas. Devant le tribunal, on peut toujours nier une chose dite au téléphone, et c'est exactement ce qu'il a fait. La première fois, ils ont bien vu qu'il mentait ; mais, en appel, on l'a cru. Maintenant, Joe est un monsieur important et ton père un assassin… *(Il se lève.)* Alors qu'est-ce que tu vas faire ? Réponds-moi…

CHRIS

Et toi ?

GEORGE

Joe est trop fort pour moi ; il sait bien que je ne peux pas prouver son coup de téléphone.

CHRIS, *se levant.*

Et tu as le toupet de t'amener ici avec des inepties de ce genre ?

ANNE

George… au tribunal…

GEORGE

Au tribunal, on ne connaissait pas ton père. Mais toi, tu le connais. Tout au fond de ton cœur, tu sais que c'est Joe qui est le coupable.

CHRIS

Ne crie pas, ou je te jette dehors !

ANNE

George, tout ce que tu viens de me dire, je le sais. Papa l'a déjà dit devant ses juges et on…

GEORGE, *pleurant presque.*

Les juges ne le connaissent pas, Annie. *(L'air décidé, maintenant, il se tourne vers Chris.)* Je vais te poser une question et regarde-moi en face quand tu me répondras.

CHRIS, *d'un air de défi.*

Je te regarde en face.

GEORGE

Tu connais ton père…

CHRIS, *sentant la crainte le gagner et, de fait, s'irrite.*

Je le connais très bien.

GEORGE

C'est le genre de patron chez qui on retape et on expédie cent vingt culasses de moteurs d'avions sans même qu'il en soit informé ? Allons donc !

CHRIS

Parfaitement.

GEORGE

Et c'est le même Joe Keller qui ne quittait jamais son usine sans d'abord faire sa ronde de peur qu'on ait laissé une ampoule allumée.

CHRIS, *se fâchant.*

Le même !

GEORGE

L'homme qui sait exactement combien ses ouvriers passent de temps aux cabinets chaque jour ?

CHRIS

Le même !

GEORGE

Et mon père, ce type plus craintif qu'une souris, qui n'ose même pas s'acheter une paire de chaussettes tout seul, mon père aurait fait une chose pareille ? De son propre chef ?

CHRIS

De son propre chef ! Et justement, parce qu'il est plus craintif qu'une souris. Je vais te dire ce qu'il ferait, par la même occasion : il mettrait la faute sur le dos d'un autre parce qu'il n'a pas le cran d'encaisser ! Il a essayé devant le tribunal et ça n'a pas pris, mais, avec un exalté comme toi, ça prend !

GEORGE

Oh ! Chris, tu t'aveugles volontairement.

ANNE, *profondément ébranlée.*

Comment peux-tu dire ça ?

CHRIS

Mais enfin George. Que s'est-il passé tout d'un coup ? Le dossier du procès t'avait suffi, jusqu'ici. Et, brusquement, tout ça ne compte plus. Pourquoi t'en es-tu contenté pendant quatre ans ?

GEORGE

Parce qu'il t'avait suffi à toi, Chris ! *(Chris se fige.)* Les gens qui connaissent Joe et mon père n'hésiteraient pas une seconde à croire mon père, s'ils l'entendaient comme moi je l'ai entendu. Joe l'a roulé. Il nous a complètement dépouillés. À cela, je ne peux plus rien. Mais elle, au moins, il ne nous la prendra pas. *(Se tournant vers Anne.)* Fais ta valise. *(Anne le regarde avec de grands yeux.)* Telle que je te connais, tu ne pourrais pas vivre avec lui, maintenant que tu sais cela.

(Anne tourne vers Chris un regard perplexe et songeur.)

CHRIS

Anne… tu ne vas pas le croire ?

ANNE, *s'élançant vers lui.*

C'est faux, n'est-ce pas ? Dis-le-moi… Je te croirai.

GEORGE

Comment pourrais-tu le croire ? Joe est son père.

ANNE, *à George avec colère.*

Je t'en prie, assez !

GEORGE

Je t'assure qu'il est au courant, Annie…

CHRIS

Écoutez-le… l'Oracle !

GEORGE

Alors explique-moi pourquoi l'usine ne porte pas ton nom ? Explique-le-lui !

CHRIS

Quel rapport avec ?…

GEORGE

Réfléchis, Anne. Les faits sont là. La déduction s'impose. Pourquoi n'a-t-il pas son nom sur la façade de l'usine ?

CHRIS, *furieux.*

Elle ne m'appartient pas.

GEORGE

Allons donc ! À qui reviendra-t-elle, quand il mourra ! *(À Anne.)* Ça crève les yeux, voyons. Tu les connais. Ils s'adorent. Pourquoi n'ont-ils pas mis Joe Keller et Fils. *(Un silence. Anne détourne les yeux pour regarder Chris. Chris observe sa figure, il attend… George à Chris.)* Je suppose que cela ne t'est jamais venu à l'esprit ?

CHRIS

Si, ça m'est venu à l'esprit. N'importe quoi peut vous venir à l'esprit !

GEORGE

Je vais régler la question tout de suite. Tu veux que je la règle, ou bien tu as peur ?

CHRIS

Que veux-tu dire ?

GEORGE

Laisse-moi aller parler à ton père. Dans dix minutes, nous serons fixés. À moins que tu n'aies peur d'apprendre la vérité.

CHRIS

Je n'ai pas peur. Je la connais. Mais ma mère est souffrante. Et, si vous commencez une discussion, ça finira par une bagarre.

GEORGE

Laisse-moi aller le trouver.

CHRIS

Je te dis que je ne veux pas d'histoires ici maintenant.

GEORGE, *à Anne.*

Ça ne te suffit pas ?

ANNE, *tournant brusquement la tête vers la maison, avec appréhension.*

Voilà quelqu'un.

CHRIS, *jetant un coup d'œil vers la maison, à George, calmement.*

Plus un mot. Je ne veux pas de discussion maintenant, tu entends ?

ANNE

Non, George, ne dis rien en ce moment. Tu vas bientôt partir. Je vais appeler un taxi.

GEORGE

Tu vas venir avec moi.

ANNE

Je t'en prie, laisse-moi prendre seule mes décisions. Et ne parle pas de mariage, nous ne lui avons encore rien dit. Comprends-tu ? Je t'en supplie... *(Elle voit une intention se dessiner dans son regard.*

Affolée.) George, tu ne vas pas faire de scandale maintenant !

MAMAN, *apparaissant sur le seuil. Elle est presque endimanchée. Sa coiffure est arrangée. Tous les yeux se tournent vers elle. En voyant George, elle lève les mains, descend vers lui, et d'une voix qui révèle son mauvais état de santé et la pitié qu'elle éprouve pour lui.*

Georgie ! Mon petit George.

(Elle s'arrête devant lui.)

GEORGE, *légèrement déconcerté. Il a toujours eu un faible pour elle.*

Kate. Bonsoir, Kate...

MAMAN, *lui prenant le visage dans ses mains.*

Oh ! mon Dieu, on t'a abîmé, mon grand *(Elle touche ses cheveux.)* Regarde, tu as déjà des cheveux blancs.

GEORGE, *touché par ce sentiment de compassion qui s'étale franchement sans pudeur, sourit tristement.*

Je sais, oui, j'ai...

MAMAN, *le menaçant du doigt.*

Je te l'avais bien dit quand tu es parti à la guerre ! Ne cherche pas à décrocher des médailles !

GEORGE, *avec un sourire las.*

Je n'ai pas eu à faire beaucoup d'efforts, Kate. On vous facilite tellement les choses, là-bas.

MAMAN, *sincèrement fâchée.*

Ils t'ont vieilli. Voilà ce qu'ils ont fait ! *(S'adressant en même temps à Chris.)* Vous êtes tous pareils. *(À Anne.)* Regarde-le. Pourquoi m'a-t-on dit qu'il se portait bien. Il a l'air d'un malade. Il a les yeux fiévreux. Qu'est-ce que tu as, George, tu te sens mal ?

GEORGE, *savourant sa sollicitude.*

Je me sens très bien.

MAMAN

Quand je te regarde, je suis bouleversée. *(Branlant la tête.)* Dieu m'est témoin que j'ai le cœur qui fond quand je vois ce que vous devenez, mes pauvres enfants. Tout le mal que nous nous sommes donné, les beaux projets que nous avions faits pour vous. Et finalement la vie ne vous traite pas mieux qu'elle nous a traités.

GEORGE

Vous… Vous n'avez pas changé, vous savez, Kate.

MAMAN

Aucun de nous n'a changé, tout le monde t'aime bien ici, Georgie. Tout à l'heure, Joe nous rappelait justement le remue-ménage que ça a fait quand tu es venu au monde. La compagnie avait coupé l'eau et les voisins faisaient la chaîne depuis l'autre bout de la rue. *(Elle rit.)* Des gens ont cru qu'il y avait le feu. *(Ils rient. Elle voit le jus de fruit. S'adressant à Anne.)*

Pourquoi ne lui as-tu pas donné le jus de pamplemousse ? Je l'ai préparé pour toi, George.

ANNE, *sur la défensive.*

Je lui en ai proposé.

MAMAN

Proposé ! *(Mettant de force le verre dans la main de George.)* Il fallait lui en *donner. (À George qui rit.)* Assieds-toi, bois, enfin… Ne reste pas planté là.

GEORGE, *s'asseyant.*

Kate, je sens que je commence à avoir faim.

MAMAN, *à Chris, d'un ton très énergique.*

Parfait ! J'ai un jambon dans le frigidaire et des fraises… et des poires. Au diable, le restaurant !

ANNE

Chic, je vais vous aider.

GEORGE

Le train est à huit heures et demie, Anne.

MAMAN, *à Anne.*

Tu t'en vas ?

CHRIS

Non, maman, elle ne part…

ANNE, *s'interposant, s'approche vivement de George.*

Reste un moment, il y a si longtemps que tu n'étais venu ici.

CHRIS

Bien sûr, nous sommes presque des étrangers pour toi, depuis le temps.

MAMAN

Laisse, Chris, puisqu'ils ne peuvent pas rester, n'insis...

CHRIS

Mais non. C'est seulement George, maman. Il avait projeté de...

GEORGE, *se levant poliment, gentiment pour ne pas faire de peine à Kate.*

Un instant, Chris...

CHRIS, *souriant et sûr de lui, le coupant d'un ton autoritaire.*

Si tu veux partir, je te conduis à la gare maintenant ; mais, si tu restes, pas de discussions tant que tu seras ici.

MAMAN

Des discussions ?... Pourquoi des discussions ? *(Elle s'avance vers George, lui caresse les cheveux. D'un ton autoritaire, mais où l'on sent de la pitié, de l'angoisse.)* Il n'y a pas de sujet de discussion entre George et nous, n'est-ce pas, Georgie ?... Tu nous vois nous chicaner ? quelle idée ! Nous avons tous été frappés par la même catastrophe... Tu as vu ce qui est arrivé à l'arbre de Tommy, George ? *(Elle l'a pris par le bras, et, malgré lui, il se laisse entraîner vers l'arbre et traverse la scène en sa compagnie.)* Imagine-toi que, pendant que je rêvais de lui au beau milieu de la nuit, le vent s'est levé tout d'un coup et…

(Lydie fait son apparition sur la véranda. Dès qu'elle le voit…)

LYDIE

Hé, Georgie !

(Elle descend avec empressement. Elle tient un chapeau fleuri à la main.)

GEORGE, *ils se serrent chaleureusement les mains.*

Bonsoir, Risette ! Ce que ça me fait plaisir de te voir. Tu as poussé, dis donc !

LYDIE

Je suis une grande fille, maintenant.

MAMAN, *lui prenant le chapeau des mains.*

Regarde comment elle vous retape un chapeau.. avec trois épingles et un bout de ruban !

LYDIE, *à Anne, admirant le chapeau.*

Je l'ai simplement rafistolé.

GEORGE

Alors, qu'est-ce que tu es devenue ?

CHRIS, *parlant de sa mère.*

Regardez-moi cette élégance ! Il ne lui manque qu'un lévrier…

MAMAN

Dis donc, toi… Je n'ai pas besoin d'un lévrier pour avoir du chien…

LYDIE

Alors, tu travailles dans leurs gratte-ciel, là-bas ?

MAMAN, *tournant la tête de droite à gauche.*

J'ai l'impression que quelqu'un vient de s'asseoir sur ma tête.

ANNE

Il est ravissant, Kate.

MAMAN, *elle embrasse Lydie. À George.*

Elle est géniale. C'est toi qui aurais dû l'épouser. *(Ils rient.)* Elle, au moins, elle t'aurait soigné.

LYDIE, *curieusement gênée.*

Oh ! finissez, Kate.

GEORGE, *à Lydie.*

Je crois avoir entendu dire que tu avais un bébé ?

MAMAN

Tu dois être dur d'oreille, elle en a trois.

GEORGE, *un peu peiné par cette nouvelle. À Lydie.*
Pas possible, trois ?

LYDIE
Oui, un, deux, trois… à la file. Tu es resté longtemps parti, mon petit George.

GEORGE
Je commence à m'en rendre compte.

MAMAN, *à Chris et à George.*
Voyez-vous mes enfants, vous avez un grand tort : vous *pensez* au lieu de vivre.

(Ils rient.)

LYDIE
Nous aussi, nous pensons.

MAMAN, *lui donnant une tape sur les fesses.*
Oui, mais vous ne faites pas que ça !

GEORGE, *dissimulant à grand-peine un sentiment d'envie.*
Franck n'a jamais été pris dans l'armée ?

LYDIE, *comme en s'excusant.*
Non, il était toujours en retard d'un an sur la dernière classe appelée.

MAMAN
C'est incroyable ! Quand on appelait les hommes de vingt-sept ans, Franck venait juste d'en avoir vingt-huit,

et, quand ils arrivaient à vingt-huit, il en avait tout juste vingt-neuf. Il est resté là toute la guerre. C'est pour ça qu'il s'est lancé dans l'astrologie. Tout y est, tout est inscrit le jour même de votre naissance. C'est vous dire…

CHRIS

C'est nous dire quoi ?

MAMAN, *à Chris.*

C'est bon, monsieur le professeur. *(À Lydie.)* Est-ce qu'il a fini l'horoscope de Tommy ?

LYDIE

Je vais lui demander tout de suite ; je rentre à la maison. *(À George avec un rien de tristesse, presque de gêne.)* Tu veux voir mes petits ? Viens.

GEORGE

Non, j'aime mieux pas, Lydie.

LYDIE, *un temps, comprenant.*

Comme tu veux ! Bonne chance, George.

GEORGE

Merci, à toi aussi… *(Elle lui sourit, fait demi-tour et sort à droite. George crie.)* Et à Franck ! *(En coulisses, Lydie rit et fait.)* Oh ! Franck…

MAMAN, *lisant dans ses pensées.*

Elle a embelli, hein ?

GEORGE, *tristement.*

Elle est jolie.

MAMAN, *sur un ton de reproche.*

Elle est éblouissante, espèce de grand idiot.

GEORGE, *regardant autour de lui avec attendrissement, puis à mi-voix d'un ton rauque.*

Elle dégage un tel charme, une telle douceur.

(Il traverse lentement la scène, les yeux fixés au sol, tandis que…)

MAMAN, *le menaçant du doigt, pleurant presque.*

Tu vois ce que tu as gagné à ne pas vouloir m'écouter. Je t'avais dit de te marier avec cette petite et de ne pas te mêler de leur cochonnerie de guerre.

GEORGE, *riant de lui-même.*

Elle riait trop…

MAMAN

Et toi, tu ne riais pas assez. Pendant que tu étais allé défendre Dieu sait quoi, Franck s'occupait d'elle, prenait ta place.

GEORGE, *avec un sourire amer, à Chris.*

Oui, c'est lui qui a gagné la guerre.

MAMAN, *pour garder son ton à la conversation.*

Le jour où la première classe a été appelée, je t'ai dit : « George, tu es amoureux de cette petite. »

CHRIS, *riant.*

« De plus sincère amour, il n'en est point sur terre. »

GEORGE, *riant.*

Elle est inouïe !

MAMAN

N'empêche que j'ai plus de jugeote à moi seule qu'à vous tous réunis. Et maintenant tu vas m'écouter, George... Vous aviez de beaux principes tous les trois... vous êtes partis... Résultat : qu'est-ce qui me reste maintenant, à moi ? *(Parlant de Chris.)* Et celui-là qui ne tient même plus sur ses jambes depuis... *(Désignant la maison de Lydie.)* Alors que l'autre crétin d'à côté, qui n'a jamais lu autre chose que les illustrés du dimanche, il a trois enfants et une maison sans hypothèques. Cesse de faire le philosophe. Pense à toi d'abord. Comme le disait Joe, viens t'installer par ici ; il t'aidera à te lancer, et moi je te trouverai une jolie fille. Tu retrouveras la gaieté.

GEORGE

Joe ? Joe voudrait que je vienne ici ?

ANNE, *avec empressement.*

Il m'a chargée de te le dire, et je trouve l'idée excellente.

MAMAN

Bien sûr. À quoi bon faire semblant de nous détester. Tu ne nous détestes pas, George, tu ne peux pas me raconter d'histoires. Je te connais, je t'ai bercé. *(À Anne subitement.)* Tu te souviens de la fille de M. Marcy ?

ANNE, *riant.*

Ça y est, te voilà casé.

(Et George rit et s'anime.)

MAMAN

Donne-toi la peine de la regarder et tu me diras si ce n'est pas la plus mignonne…

CHRIS

Elle a des verrues, George.

MAMAN, *à Chris.*

Elle n'a pas de verrues. Elle a un grain de beauté au menton…

CHRIS

Et deux sur le nez… Poilus.

MAMAN

Veux-tu te taire !

(Keller paraît sur le seuil.)

KELLER, *à son entrée, tous les rires cessent. Il descend, et avec une jovialité forcée.*

Tiens, tiens, qu'est-ce que je vois là ? *(Tendant la main.)* George. Ça fait plaisir.

GEORGE, *lui serrant la main, d'un air sombre.*
Ça va, Joe ?

KELLER
Couci-couça. Je me fais vieux. Tu dînes avec nous ?

GEORGE
Non, je dois rentrer à New York.

ANNE
Je vais te demander un taxi.
(Elle gravit les marches et entre dans la maison pendant…)

KELLER
Dommage que tu ne puisses pas rester, George. Assieds-toi. *(À Kate.)* Il a bonne mine.

MAMAN
Il a une mine affreuse.

KELLER
Affreuse… C'est ce que je voulais dire. Tu as une mine affreuse, George.

GEORGE
J'ai vu votre usine en venant de la gare. On dirait la General Motors.

KELLER
Je voudrais bien que ce soit la General Motors, mais ce n'est pas encore pour demain. *(Croisant les*

jambes avec désinvolture.) Alors, j'ai appris que tu étais allé voir ton père.

GEORGE

Oui, ce matin. Qu'est-ce que vous fabriquez comme articles, maintenant ?

KELLER

Oh ! un peu de tout. Des autoclaves. Des pièces de laveuses mécaniques. J'ai une bonne petite usine, maintenant. Bien agencée, transformable... Comment as-tu trouvé ton père ? Le moral est bon ?

GEORGE, *scrutant Keller. On le sent indécis.*

Non, il ne va pas bien, Joe.

KELLER

Encore son cœur qui le tracasse ?

GEORGE

Ce n'est pas seulement le cœur, c'est tout. C'est l'âme qui est atteinte.

CHRIS, *esquissant le geste de se lever.*

Si on allait voir ce que le docteur a fait dans ta maison, hein ?

KELLER

Laisse-le donc...

GEORGE, *parlant de Joe.*

J'ai à lui parler.

KELLER

Il vient à peine d'arriver. *(Pause.)* Eh oui, George, c'est toujours pareil. Si c'est un petit qui a le malheur de se tromper, on le grille tout vif, mais, si c'est un gros, on en fait un ambassadeur. Je regrette de n'avoir pas su que tu allais voir ton père.

GEORGE, *épiant son visage.*

Je ne savais pas que cela vous intéressait.

KELLER

Si, dans un sens, ça m'intéresse. Écoute, George s'il a jamais envie de travailler chez moi, j'aurai une place pour lui. Je tiens à ce qu'il le sache.

GEORGE, *regardant Maman.*

Il vous en veut à mort. Vous ne le saviez pas ?

KELLER

À vrai dire, je m'en doutais un peu. Mais on peut changer.

MAMAN

Jack n'a jamais été vindicatif.

GEORGE

Il l'est, maintenant. S'il pouvait coller au mur tous ceux qui ont gagné de l'argent dans cette guerre, il les fusillerait de sa main…

KELLER

Il lui faudrait pas mal de munitions.

GEORGE

Vous y compris.

KELLER

C'est triste à entendre.

GEORGE, *son amertume reprenant le dessus.*

Pourquoi ? Qu'est-ce que vous imaginez qu'il pouvait penser de vous ? À quoi vous attendiez-vous donc ?

KELLER, *sa nature violente s'insurge, mais il réussit à se dominer.*

À ça, sans doute. Mais ça m'attriste quand même. Je m'y attendais parce que je connais ton père. Et ça me chagrine de constater qu'il n'a pas changé. *(Il se lève.)* Depuis que je le connais et ça fait vingt-cinq ans, c'est ce côté-là de sa nature qui m'a toujours peiné. C'est un homme qui n'a jamais su reconnaître ses torts. Tu le sais, George.

GEORGE, *le sachant effectivement.*

C'est-à-dire que…

KELLER

Tu le sais parfaitement. Et pourtant tu ne sembles pas te le rappeler très bien, si j'en juge d'après ta façon de t'amener ici. Comme par exemple ce qui s'est passé en 1937, quand nous avions l'atelier de Flood Street, et qu'il a failli nous faire tous sauter avec ce sacré chauffe-eau qu'il avait laissé brûler sans eau pendant deux jours. Là non plus, il n'a jamais voulu admettre que c'était de sa faute. J'ai dû congédier un mécanicien pour lui sauver la face. T'en souviens-tu ?

GEORGE

Oui, mais…

KELLER

Je mentionne ça, note bien, simplement à titre d'exemple, parmi tant d'autres. Comme quand il a donné cet argent à Franck pour acheter des actions de pétrole.

GEORGE, *au supplice.*

Oui, je sais, mais…

KELLER, *poussant son avantage, mais avec modération.*

Mais c'est pas mauvais de se rappeler ces choses-là, mon petit. La façon qu'il a eue d'engueuler Franck quand les actions ont baissé. Comme si c'était de sa faute. À l'en croire, Franck était le dernier des escrocs. Et il s'était borné à lui donner un tuyau…

GEORGE, *se levant et s'écartant.*

Je sais tout cela…

KELLER

Alors, souviens-t'en, George, souviens-t'en. *(Anne sort de la maison et s'arrête en entendant Keller qui poursuit.)* Il y a des gens qui préféreraient voir pendre tout le monde plutôt que d'admettre qu'ils sont dans leur tort. Tu comprends, George ? *(Ils sont debout, face à face. George le fouillant du regard.)*

ANNE, *descendant et s'avançant vers eux.*

Le taxi vient, tu veux faire un peu de toilette ?

MAMAN, *avec un élan d'espoir.*

Pourquoi s'en va-t-il maintenant ? Prends le train de nuit, George.

KELLER

C'est ça, dîne avec nous.

ANNE

Qu'en dis-tu ? Nous allons manger au bord du lac.

GEORGE, *regardant Keller,*
puis se retournant vers elle.

C'est entendu. *(À Maman.)* Est-ce que Lydie... je veux dire Franck et Lydie, est-ce qu'ils viennent ?

MAMAN

Je vais te trouver une cavalière auprès de laquelle Lydie aura l'air d'une...

(Elle commence à monter les marches.)

GEORGE, *riant.*

Je n'ai pas besoin de cavalière.

CHRIS

Je connais quelqu'un qui est exactement ce qu'il te faut. *(À Maman.)* Charlotte Tenner.

MAMAN

C'est ça. Téléphone-lui. *(Chris sort.)*

GEORGE, *tous se taisent en voyant l'émotion silencieuse qui l'étreint. Son regard embrasse la maison, la cour et ses occupants.*

Je ne me suis vraiment senti chez moi… qu'ici. Cela me fait tant… *(Il ébauche un rire, puis se détourne.)* Kate, vous avez l'air si jeune, c'est fou. Vous n'avez pas changé du tout. Ça fait… remonter le passé. *(Se tournant vers Joe.)* Vous aussi Joe, c'est stupéfiant comme vous êtes resté le même. Toute l'atmosphère, d'ailleurs…

KELLER

Ben, dis donc, je n'ai pas le temps d'être malade.

MAMAN

Voilà quinze ans qu'il n'a pas passé une journée au lit.

KELLER, *vivement.*

À part ma grippe pendant la guerre.

MAMAN

Hein ?

KELLER

Ma grippe, quand je suis tombé malade, pendant...

MAMAN, *vivement.*

Bien sûr ! Quelle idiote. *(À George.)* À part cette grippe, bien entendu. *(Silence, George reste parfaitement immobile. Maman, angoissée, joue à merveille la surprise.)* C'est insensé. J'avais complètement oublié. *(George ne bouge pas. Il la regarde d'un air interrogateur.)* Il est si rarement malade que cela m'était sorti de l'idée. Il ne pouvait pas se lever, je croyais même qu'il avait une pneumonie.

GEORGE

Pourquoi avez-vous dit qu'il n'avait jamais été...

KELLER

Je comprends que cela te fasse quelque chose, mon petit. Jamais je ne me pardonnerai ce maudit contretemps, parce que si j'avais pu aller à l'usine ce jour-là, je n'aurais pas permis à ton père de toucher à ces culasses.

GEORGE

Elle a dit que vous n'aviez jamais été malade.

MAMAN

Mais si, au contraire. J'ai dit *qu'il avait été* malade.

GEORGE, *à Anne.*

Tu l'as entendue…

MAMAN

Tu te rappelles toutes les fois que tu as été malade, toi ?

GEORGE

On n'oublie pas une pneumonie.

ANNE

Voyons, George.

GEORGE

Surtout si je l'avais attrapée le jour où mon associé devait camoufler des pièces d'avions. Qu'est-ce qui s'est passé ce jour-là, Joe ?

(Maman aperçoit Franck qui entre dans la cour, une feuille de papier à la main.)

MAMAN

Franck ? Vous avez vu George ?

FRANCK, *tendant la main.*

Lydie vient de me dire… Je suis heureux de… *(Incapable de se contenir.)* Vous m'excuserez, mais je vous amène quelque chose de sensationnel, Kate. J'ai terminé l'horoscope.

MAMAN

Voilà qui va t'intéresser, George. *(Elle entraîne George vers Franck, George garde les yeux fixés sur Keller.)* C'est meveilleux ce qu'il arrive à deviner d'après...

(Chris paraît sur le seuil.)

CHRIS

Charlotte est au bout du fil. Va lui parler. *(Remarquant le brusque changement d'atmosphère.)* Mais qu'est-ce ?

MAMAN, *à Chris.*

Franck a terminé l'horoscope de Tommy.

FRANCK

Écoutez ça, c'est merveilleux.

ANNE, *à Chris.*

Je ne crois pas que George ait envie de venir avec nous. *(Voyant le regard de Chris, elle s'avance vers lui et s'adressant à George.)* Laisse-moi lui parler seule à seule.

CHRIS

Qu'y a-t-il encore ?

MAMAN

Rien, rien. *(À Franck vivement.)* Qu'est-ce que vous avez trouvé ?

FRANCK

Tommy est vivant. Suivez-moi bien… Vous voyez la Voie lactée…

CHRIS

Vous n'avez pas fini de lui bourrer le crâne avec vos âneries ?

FRANCK

Ah ! parce que c'est une ânerie de croire à une puissance supérieure ?

MAMAN

Vous l'avez entendu ? Vous allez peut-être vous conduire autrement, maintenant *(À Anne)*, vous deux !

GEORGE, *à Anne.*

Tu ne comprends donc pas ce qu'elle te dit ?

CHRIS

Qu'est-ce qu'elle lui dit ? *(À maman.)* Qu'est-ce que tu lui dis ?

MAMAN, *éludant la question. Parlant de Franck.*

Chris, il se peut qu'il soit dans le vrai.

CHRIS

Vous voyez, Franck, vos absurdités !

FRANCK

J'ai étudié son ciel et ses astres, Chris, et je ne vais pas discuter avec vous. Je vous dis ceci : il a été porté disparu le 9 février, mais le 9 février était son jour faste. D'accord. Tout ça peut vous paraître insensé et vous faire rire. N'empêche qu'il n'y a pas une chance sur un million pour qu'un homme meure un jour qui lui est faste. C'est un fait archiconnu. Eh bien ! d'après son ciel, votre frère est vivant,

MAMAN

Pourquoi ne serait-ce pas possible ? Tu vois, vous êtes peut-être en train de faire une chose abominable, elle et toi ! *(Un klaxon retentit dans la rue.)* Ah ! c'est leur taxi. Voulez-vous aller lui dire d'attendre, Franck, nous en reparlerons tout à l'heure.

FRANCK

J'y vais.

(Franck se hâte en direction du passage. Maman crie à la cantonade.)

MAMAN

Ils viennent tout de suite, chauffeur !

CHRIS

Elle ne part pas, maman.

GEORGE, à *Anne.*

Elle t'a dit de partir, va chercher tes affaires.

CHRIS

Je ne permets à personne de lui ordonner de partir.

GEORGE

Ma chère petite sœur, elle t'a dit de t'en aller. Qu'est-ce qu'il te faut de plus ? Il n'a jamais été malade…

MAMAN

Je n'ai pas dit cela…

GEORGE

… Il a simplement dit à ton père d'assassiner des pilotes, et, pendant ce temps-là, il se ménageait un alibi en restant au lit.

CHRIS, *à maman.*

Qu'est-ce que cela signifie ?

MAMAN

Simplement, j'avais oublié que ton père…

ANNE, *la coupant, à George.*

Va-t'en maintenant. J'ai à parler à Chris.

GEORGE

Mais elle t'a dit de partir !

ANNE

Ce n'est pas possible, je ne peux pas.

GEORGE

Mais voyons, Annie !

ANNE

Non… *(Parlant de Chris.)* Lui seul peut me dire de partir, George.

MAMAN

J'ai fait ta valise, Anne...

CHRIS, *choqué.*

Quoi ?

MAMAN

J'ai fait ta valise, tu n'as plus qu'à la fermer.

ANNE, *au bord des larmes.*

Je ne fermerai rien du tout.

MAMAN, *parlant de George.*

Mais, si ton frère a ces idées-là...

CHRIS, *éclatant brusquement.*

Ça suffit ! Je ne veux plus jamais entendre parler du procès, ni de Tommy, vous entendez ? Plus un mot tant que je serai là !

(Anne s'efforce d'entraîner George vers l'allée.)

GEORGE

Réponds-leur non, Anne. Que quelqu'un ait une fois le courage de leur refuser quelque chose...

ANNE, *suppliante sans toutefois cesser de l'entraîner, tout en le consolant.*

Je t'en prie, George, je t'en supplie...

(Ils remontent l'allée. Chris se tourne vers Maman.)

CHRIS

Qu'est-ce qui t'a pris de faire sa valise ? De quel droit lui as-tu dit de partir ?

MAMAN, *sanglotant et tendant ses bras pour l'enlacer.*

Chris…

CHRIS, *évitant l'étreinte de sa mère.*

Qui t'a permis de faire sa valise ?

MAMAN

Sa place n'est pas ici.

CHRIS

Alors la mienne non plus.

MAMAN

C'est la fiancée de Tommy, Chris. La fiancée de Tommy.

CHRIS

Et moi, je suis son frère, et il est mort, et j'épouse sa fiancée.

MAMAN

Jamais ! Moi vivante ! Jamais !

KELLER

Tu deviens folle ?

MAMAN, *violemment, menaçant Keller du doigt.*

Toi, tu n'as rien à dire !

KELLER, *cruellement.*

C'est ce qui te trompe ! Ça fait trois ans et demi que tu te conduis comme une toquée et j'en…

MAMAN, *lui donnant un violent coup de poing sur la figure. Tout se fige. Sa main reste suspendue en l'air, tremblante, elle chuchote.*

Rien. Tu n'as rien à dire. C'est à moi de parler, maintenant. Il va revenir, mon fils va revenir, vous entendez ! Et jusqu'à ce qu'il soit là, il faut attendre… tous.

CHRIS

Maman chérie, maman…

MAMAN, *secouant obstinément la tête.*

Attendre, attendre…

CHRIS

Mais combien de temps, combien de temps ?

MAMAN, *en transe.*

Jusqu'à ce qu'il revienne, vous entendez, jusqu'à ce qu'il revienne ; il n'est pas mort, mon chéri ; il ne mourra pas avant que nous soyons tous sous terre, tous partis. Tu ne pourras jamais l'oublier.

CHRIS

Il y a longtemps que je l'ai oublié.

MAMAN, *non moins résolument, mais se détournant de lui.*

Alors, lâche ton père aussi.

(Silence. Chris reste pétrifié.)

KELLER, *à voix basse.*

Elle est folle.

MAMAN, *à Chris, mais sans le regarder en face.*

Lâche-le lui aussi. Est-ce possible ? Non. Tu vois bien ! Donc c'est que mon garçon est vivant. Dieu qui nous gouverne ne fait pas de choses pareilles ; Dieu ne permet pas qu'un père tue son propre fils. *(Elle se tourne vers Chris.)* Tu me comprends, maintenant ? Tant que tu vivras, ton frère sera vivant ! *(Elle éclate en sanglots.)* Tu me comprends ? *(Incapable de se dominer, elle se précipite vers la véranda et disparaît à l'intérieur de la maison. Chris n'a pas bougé.)*

KELLER, *parlant d'un ton insinuant, interrogateur.*

Elle est folle.

CHRIS, *d'une voix étranglée, dans un souffle.*

Alors... c'était toi !

KELLER, *un soupçon de prière dans la voix*

Il n'a jamais piloté de chasseur.

CHRIS

Mais les autres ?

KELLER, *s'obstinant.*

Elle ne sait pas ce qu'elle dit.

(Il fait un pas vers Chris, suppliant.)

CHRIS, *sans fléchir.*

Papa… c'est toi le responsable ?

KELLER

Je te dis qu'il n'a jamais piloté de chasseur ! Qu'est-ce qui te prend ?

CHRIS, *à la fois une affirmation et une question.*

Alors c'est vrai, tu as fait ça… *aux autres* ? Toi !

KELLER, *effrayé par Chris, par son insistance farouche.*

Qu'est-ce qui te prend ? *(Inquiet, il s'approche de lui et voyant une lueur de folie dans ses yeux.)* Qu'est-ce qui te prend, nom de Dieu ?

CHRIS, *à mi-voix, d'un ton incrédule.*

Comment… comment as-tu pu faire une chose pareille ?

KELLER, *se sentant perdu, il lève les poings comme pour le frapper.*

Mais qu'est-ce que tu as ?

CHRIS, *le torrent qui bouillonne en lui commence à déferler.*

Papa… papa, tu as tué vingt-deux hommes !

KELLER

Comment, tué ?

CHRIS

Tu les as tués, assassinés !

KELLER, *comme s'il voulait le prendre à témoin de l'impossibilité d'une telle chose.*

Comment pourrais-je tuer quelqu'un ?

CHRIS

Toi, mon père ?

KELLER, *s'efforçant de le faire taire.*

Je n'ai tué personne !

CHRIS

Alors, explique-toi. Qu'est-ce que tu as fait ? Allons, dis-moi ce que tu as fait. Tu entends. Je veux le savoir ! Tu avais cent vingt culasses fêlées, alors, qu'est-ce que tu en as fait ?

KELLER

Si tu tiens absolument à me perdre.

CHRIS

Je t'écoute. Nom de Dieu ! Je t'écoute !

(Inconsciemment, ils font les mouvements d'un chasseur et de sa proie. Keller se ménage un espace d'un pas entre Chris et lui.)

KELLER

Tu n'es qu'un enfant ; que voulais-tu que je fasse ? Moi, j'ai une affaire, je suis *dans les affaires* ; cent vingt culasses fêlées, c'est la faillite ; tu as un « procédé » de « brassage », le procédé ne marche pas, on te ferme ta boîte ; vous ne connaissez pas votre métier, votre camelote ne vaut rien ; on te ferme ton usine, on annule tes contrats. Qu'est-ce que ça leur coûte à eux ? Tu mets quarante ans à t'établir et eux te démolissent en cinq minutes. Qu'est-ce que je pouvais faire ? Les laisser me prendre quarante années de travail… toute ma vie ? *(Sa voix se brise.)* Jamais je n'aurais pensé que les pièces passeraient au montage. Je le jure devant Dieu. Je croyais qu'ils les arrêteraient avant que les avions prennent l'air.

CHRIS

Alors pourquoi les as-tu expédiées ?

KELLER

Je croyais pouvoir rectifier le procédé avant qu'ils aient repéré le défaut ; à ce moment-là je leur aurais prouvé que je leur étais indispensable et ils auraient fermé les yeux. Mais les semaines passaient et personne ne rouspétait, alors je m'apprêtais à les prévenir…

CHRIS

Et pourquoi ne l'as-tu pas fait ?

KELLER

Trop tard. Le journal… ça s'étalait sur toute la première page. Vingt-deux avions qui s'écrasent. C'était trop tard. Ils se sont amenés à l'atelier pour nous passer les menottes. Qu'est-ce que tu voulais que je fasse ? *(En pleurant, il s'approche de Chris.)* Chris… Chris… tu es mon fils… C'est pour toi que je l'ai fait… J'ai soixante et un ans, jamais je n'aurai d'autre occasion de te refaire un avenir ? Ce n'est pas à soixante et un an qu'on recommence sa vie..

CHRIS

Et tu savais qu'elles ne tiendraient pas en vol ?

KELLER

Je n'ai pas dit ça…

CHRIS

Tu allais les avertir de ne pas les utiliser…

KELLER

Mais ça ne signifie pas…

CHRIS

Cela signifie que tu *savais* qu'ils s'écraseraient.

KELLER

Pas du tout.

CHRIS

Ou tout au moins que tu *pensais* qu'ils s'écraseraient.

KELLER

J'avais peur que peut-être…

CHRIS

Tu avais peur que peut-être ! Mais, bon Dieu ! quel être es-tu donc ? Il y avait là-haut des hommes qui étaient suspendus à ces culasses. Tu le savais !

KELLER

C'était pour vous. Pour mes fils. Pour toi !

CHRIS, *emporté par la fureur aveugle.*

Pour moi ! Mais d'où sors-tu donc ! Dans quelle planète vis-tu ? Pour moi ! Moi qui mourais chaque fois que tu tuais un camarade. C'était pour moi que tu le faisais ? Quand je pense que j'étais fier de toi ! Et tu faisais ça pour moi ! Mais à quoi t'imagines-tu que je pensais, nom de Dieu ! À ton affaire, peut-être ? Ta cervelle n'est donc pas capable de concevoir autre chose que ta maudite affaire ? Qu'est-ce que tu as donc dans le ventre ? Des billets de banque ! C'était pour moi !… Tu n'as donc pas de pays ? Tu ne vis donc pas sur terre ? Mais, bon Dieu ! qu'est-ce que tu es au juste ? Tu n'es même pas un animal ! Un animal ne tue pas ses petits ! Qu'est-ce que tu es ! Qu'est-ce que je dois faire de toi ? Qu'est-ce que je pourrais bien te faire ? *(Il sanglote et de ses poings commence à marteler l'épaule de son père. Scandant chaque coup.)* Qu'est-ce que je pourrais bien te faire ? Dieu de

Dieu ! *(Il s'éloigne en titubant le long de l'allée, cachant dans ses mains sa figure en pleurs.)* Qu'est-ce que je dois faire, mon Dieu ! Qu'est-ce que je dois faire ? *(Chris disparaît.)*

(Keller reste assis, en pleurs.)

RIDEAU

Acte III

(Même décor. Deux heures du matin, la même nuit. Au lever du rideau, Maman se balance inlassablement dans son fauteuil, le regard absent, absorbée dans ses pensées. C'est une sorte de balancement saccadé, rapide, farouche. Tout est éteint, à part la fenêtre de la chambre du premier. Le clair de lune intense met sur l'ensemble une clarté bleuâtre. Keller est debout derrière la porte grillagée, le regard perdu dans la nuit.

Jim, en veston, un chapeau sur la tête, entre par la gauche, aperçoit Keller et va se planter à côté de Maman.)

JIM

Pas de nouvelles ?

MAMAN

Non.

JIM, *la regardant de nouveau, s'assied près d'elle et lui prend la main.*

Vous ne pouvez pas rester debout toute la nuit, ma chère Kate. Pourquoi n'allez-vous pas vous coucher ?

MAMAN

J'attends Chris. *(Il retire sa main.)* Ne vous inquiétez pas pour moi, Jim, je me sens très bien.

JIM

Mais il est près de deux heures.

MAMAN

Deux heures, et après ? Je ne pourrais pas dormir. *(Un temps.)* Vous avez été appelé pour un cas urgent ?

JIM, *avec lassitude.*

Quelqu'un qui avait la migraine et qui se croyait mourant. *(Un temps.)* La moitié de mes malades sont à enfermer. On n'imagine pas le nombre de piqués qui se promènent en liberté. L'argent. L'argent, l'argent, l'argent ! Suffit de le répéter assez longtemps pour que ça ne veuille plus rien dire. *(Maman a un sourire qui se transforme en rire silencieux.)* Ah ! je voudrais être là, tiens… le jour béni où tout ça cassera.

MAMAN, *secouant la tête.*

Jamais. Vous êtes un enfant, Jim, vraiment parfois vous parlez comme un enfant.

JIM, *restant un moment à la considérer.*

Kate. *(Un temps.)* Que s'est-il passé ?

MAMAN

Je vous l'ai dit : il s'est disputé avec Joe. Après quoi il a pris l'auto et il est parti.

JIM

Pourquoi se sont-ils disputés ?

MAMAN

Comme ça, une discussion. Joe… pleurait comme un enfant, là, tout à l'heure.

JIM

C'est au sujet d'Anne ?

MAMAN, *avec l'ombre d'une hésitation.*

Non, pas au sujet d'Anne. *(Elle désigne la fenêtre éclairée au premier.)* Elle n'est pas sortie de cette chambre-là depuis qu'il est parti. Toute la nuit, elle est restée là.

JIM, *regardant la fenêtre, puis ses yeux reviennent se poser sur elle.*

Joe a tout dit à Chris ?

MAMAN, *interrompant brusquement son balancement.*

Comment ?

JIM

Rassurez-vous, Kate. Je le savais. Depuis toujours.

MAMAN

Comment l'avez-vous su ?

JIM

Je l'avais deviné, il y a très longtemps.

(Un temps.)

MAMAN

J'avais toujours eu l'impression que, tout au fond de lui, Chris s'en doutait. Je ne croyais pas que ça l'aurait bouleversé à ce point.

JIM, *se levant.*

Vous ne connaissez pas votre fils. Il n'est pas donné à tout le monde de savoir mentir. Cela demande certaines aptitudes. Vous les avez ; moi aussi. Mais pas lui.

MAMAN

Que voulez-vous dire ? Il ne reviendra pas ?

JIM

Oh ! si, il reviendra. On revient toujours, Kate. Ces petites révoltes finissent par mourir. On en arrive toujours à un compromis. Franck a raison dans un sens : tout homme a son étoile. L'étoile de son intégrité morale. Et toute sa vie, il essaie de s'y accrocher. Une fois qu'elle est éteinte, elle ne se rallume plus. Je ne crois pas qu'il soit allé bien loin. Il voulait peut-être simplement rester seul, pour voir son étoile s'éteindre.

MAMAN

Pourvu qu'il revienne ! Dieu fasse qu'il revienne !

JIM

Je préférerais qu'il ne revienne pas, Kate. Un jour, j'ai tout plaqué, moi aussi. Je suis parti comme ça, tout simplement, à La Nouvelle-Orléans. Pendant deux mois je me suis nourri de lait et de bananes, en étudiant une certaine maladie. C'était merveilleux. Puis elle s'est amenée, elle a pleuré. Et je suis rentré à la maison avec elle. Et maintenant, je mène une vie d'aveugle, je suis dans le noir, comme tout le monde. Je n'arrive pas à me retrouver moi-même ; il m'est parfois difficile de me rappeler quel genre d'homme je voulais être. Je suis un bon mari ; Chris est un bon fils, il reviendra.

(Keller s'avance sur le perron. Gagnant le fond de la scène, à Kate.)

Quelque chose me dit qu'il doit être dans le parc. Je vais aller jeter un coup d'œil de ce côté. Envoyez-la au lit, Joe ; ce qu'elle fait là n'est pas indiqué pour sa santé.

(Jim sort par l'allée.)

KELLER, *descendant.*

Qu'est-ce qu'il voulait ?

MAMAN

Son ami n'est pas rentré.

KELLER, *sa voix est rauque, s'approchant d'elle.*

Je n'aime pas beaucoup le voir fourrer son nez dans nos affaires.

MAMAN

Trop tard, Joe, il sait.

KELLER, *avec appréhension.*

Comment l'a-t-il su ?

MAMAN

Il y a longtemps qu'il l'avait deviné.

KELLER

Je n'aime pas ça.

MAMAN, *avec un rire tranquille, inquiétant.*

Ce que tu n'aimes pas…

KELLER

Parfaitement. Ce que je n'aime pas !

MAMAN

Cette fois, tu ne t'en tireras pas avec ton bagout. C'est le moment de jouer serré. Cette histoire n'est pas finie.

KELLER, *montrant la fenêtre éclairée.*

Et qu'est-ce qu'elle fait, là-haut ? Elle ne sort pas de sa chambre ?

MAMAN

Je ne sais pas ce qu'elle fait. Assieds-toi et cesse de crâner. Tu as envie de vivre ? Alors, essaie de trouver une solution.

KELLER

Elle ne sait rien ?

MAMAN

Elle a vu Chris partir comme un fou. Elle est capable d'en tirer des conclusions.

KELLER

Je ferais peut-être bien de lui parler ?

MAMAN

Ce n'est pas à moi qu'il faut le demander, Joe.

KELLER, *se dominant à grand-peine.*

Alors, à qui veux-tu que je le demande ?

(Maman reste muette.)

KELLER, *espérant une confirmation.*

Mais je ne pense pas qu'elle fasse quoi que ce soit ?

MAMAN

Tu m'interroges encore ?

KELLER

Je t'interroge, je t'interroge : on dirait que je suis un étranger, ma parole ! *(Un temps, il commence à se mouvoir.)* Je croyais avoir une famille. Je voudrais foutre bien savoir où elle est, ma famille !

MAMAN

Tu en as une. Je te dis simplement que je n'ai plus la force de penser.

KELLER

Plus la force, plus la force ? Dès que quelque chose va de travers, tu n'as plus la force de rien !

MAMAN

Tu recommences. Tu as fait ça toute ta vie ; chaque fois qu'il arrive des ennuis, tu me prends à partie, en t'imaginant que ça va tout arranger.

KELLER

Alors, qu'est-ce que je dois faire ? Dis-moi... parle-moi, qu'est-ce que je dois faire ?

MAMAN

Écoute... J'ai réfléchi. Je me suis dit... que, s'il revenait...

KELLER

Comment, s'il revenait ! Évidemment qu'il va revenir ! Alors, qu'est-ce que je vais faire ?

MAMAN

Je crois que si tu le fais asseoir et que tu... t'expliques franchement avec lui, que tu lui dises exactement le fond de ta pensée... Je veux dire, si tu lui fais comprendre que tu as conscience d'avoir fait une chose terrible... Comprends-tu ?...

KELLER

Qu'est-ce que ça changera ?

MAMAN, *avec un peu de crainte.*

Enfin, j'entends... Si tu lui dis que tu es prêt à payer...

KELLER, *pressentant, calmement.*

Comment ça, payer ?

MAMAN, *se levant, mal à l'aise.*

Oui... que tu es prêt à... à aller en prison.

(Silence.)

KELLER, *stupéfait, se révoltant.*

Que je suis prêt à aller en...

MAMAN, *vivement.*

Tu n'irais pas, il ne te demanderait pas d'y aller. Mais, si tu lui dis que tu es prêt à le faire, alors peut-être voudra-t-il te pardonner.

KELLER, *s'adressant à elle, comme si elle lui avait demandé cela pour elle-même.*

Me pardonner, me pardonner quoi ?

MAMAN, *s'écartant.*

Joe, tu sais très bien ce que je veux dire.

KELLER

Je ne sais pas ce que tu veux dire ! Il te fallait de l'argent, alors je t'ai gagné de l'argent. Qu'est-ce que j'ai à me faire pardonner ? Tu voulais de l'argent, non ?

MAMAN

Je ne le voulais pas de cette manière-là.

KELLER

Moi non plus. Je ne voulais pas le gagner de cette manière ! Mais je vous ai trop gâtés, tous. J'aurais dû l'envoyer gagner sa vie tout seul quand il avait dix ans, comme moi ! Il saurait ce que l'on est obligé de faire pour gagner un dollar, dans ce monde où nous vivons ! Personnellement, je peux vivre avec un quart de dollar par jour, moi, mais je suis père de famille, alors…

MAMAN

Joe… Joe… Ce n'est pas une excuse, que tu aies fait ça pour ta famille.

KELLER

Eh bien ! il *faut* que ce soit une excuse !

MAMAN

Il y a quelque chose de plus important que la famille pour lui.

KELLER

Rien n'est plus important.

MAMAN

Pour lui, si.

KELLER

Moi, je lui pardonnerais tout, à lui, parce qu'il est mon fils, parce que je suis son père.

MAMAN

Joe, je te dis...

KELLER

Rien n'est plus important que ça. Et tu vas le lui dire, entends-tu ? Je suis son père, et il est mon fils, et, s'il y a quelque chose de plus important, je me colle une balle dans la tête !

MAMAN

Tais-toi !

KELLER

Je ne plaisante pas. Maintenant, tu sais quoi lui dire. *(Un temps. Il s'éloigne et s'arrête.)* Mais il ne m'enverrait pas en prison, quand même... Il ne ferait jamais ça... dis ?

MAMAN

Il t'adorait, Joe. Ça a été un coup effroyable pour lui.

KELLER

Mais m'envoyer en prison...

MAMAN

Je ne peux pas te dire... Je commence à croire que nous ne le connaissons pas vraiment. Je ne peux pas te dire ce qu'il fera.

KELLER

Ah ! nom de Dieu ! Si Tommy était vivant, il n'agirait pas comme ça. Lui au moins, il savait ce que c'est, la vie. Il comprendrait. Pour lui, le monde avait quarante pieds de façade et se bornait aux quatre murs de la fabrique. Celui-ci, pour un rien, il perd la boule. On traite une affaire, on compte deux sous de plus que le tarif, et il se fait un sang d'encre. Il ne comprend rien à l'argent. Évidemment, ça lui tombait tout rôti dans le bec. Il n'a jamais eu à se donner du mal ; Tommy au moins, c'était un homme !

MAMAN

Je t'en supplie, Joe.. Calme-toi, tout s'arrangera. Tout ira bien, tu verras...

KELLER, *désespéré, se laissant aller.*

C'était pour toi, Kate, pour vous deux, vous êtes ma seule raison de vivre...

MAMAN

Je sais, mon chéri, je sais...

(Anne sort de la maison ; ils se taisent, attendant qu'elle parle.)

ANNE

Pourquoi n'allez-vous pas vous coucher ? Je vous le dirai quand il reviendra.

KELLER, *avec appréhension, à Maman.*

Tu devrais lui faire quelque chose à manger.

MAMAN

Oui, bien sûr, je vais...

ANNE

Laissez, Kate. Je n'ai besoin de rien. *(Ils se sentent incapables d'échanger une parole.)* Je vais remonter. *(Elle fait un pas, puis s'arrête.)* Je ne ferai rien pour cette histoire...

MAMAN

Oh ! tu es une chic fille ! *(À Keller.)* Tu vois, c'est une...

ANNE

Je ne ferai rien contre Joe, mais vous allez faire quelque chose pour moi. *(Directement à Maman.)* C'est votre faute si Chris se sent coupable. Volontairement ou non, vous l'avez mis en état d'infériorité vis-à-vis de moi ! Je voudrais que vous lui disiez que Tommy est mort, que vous le savez. Vous comprenez ? Comme cela, je ne partirai pas d'ici seule. Autrement, pour moi, la vie ne vaudrait pas la peine d'être vécue. Je vous demande de lui rendre sa liberté et tout en restera là. Nous partirons, voilà.

KELLER, *à Kate.*

Tu le feras. Tu lui diras ?

ANNE

Je sais ce que je vous demande, Kate. Vous aviez deux fils. Vous n'en avez plus qu'un.

KELLER

Tu lui diras…

ANNE

Il faudra le lui dire de façon qu'il le croie.

MAMAN

Ma petite, si mon garçon était mort, ce n'est pas ce que je pourrais dire à Chris qui le convaincrait… Il sait. Toi aussi, tu sais ! Jusqu'au jour de sa mort il attendra son frère ! Rien à faire, ma petite. Tu partiras dans la matinée, et tu partiras seule. C'est là ta vie, ta vie sans nous.

(Elle se dirige vers la maison.)

ANNE

Tommy est mort, Kate.

MAMAN

Je n'ai plus rien à te dire.

ANNE

Il est tombé au large de la côte chinoise, le 9 février. Ce n'est pas son moteur qui a flanché, mais il est mort. Je le sais.

(Maman se fige.)

MAMAN

Comment est-il mort ? *(Anne reste silencieuse.)* Comment est-il mort ? Tu mens ! Si tu le sais, dis-moi comment il est mort.

ANNE

Je l'aimais. Vous savez que je l'aimais, n'est-ce pas ? Eh bien ! est-ce que je me serais jamais intéressée à quelqu'un d'autre si je n'avais pas eu de certitude ? Cela doit vous suffire.

MAMAN, *s'avançant vers elle.*

Qu'est-ce qui doit me suffire ? Qu'est-ce que tu racontes ?

ANNE

Vous me faites mal !

MAMAN

Qu'est-ce que tu racontes ? *(Silence. Anne regarde Joe.)* Joe, je t'en prie, rentre dans la maison.

KELLER

Pourquoi ?

MAMAN

Va, mon chéri. *(Elle s'approche de lui, caresse sa joue et l'entraîne jusque sur le perron.)* Va...

KELLER, *avec un coup d'œil vers Anne.*

Bon ! Préviens-moi dès qu'il sera rentré. *(Keller rentre dans la maison.)*

ANNE

Asseyez-vous… *(Maman s'assied lentement.)* Avant tout, je voudrais que vous compreniez. Quand je suis venue, je n'avais pas la moindre idée que Joe… Je n'avais rien contre lui ou vous. Je suis venue pour me marier. J'espérais… *(Elle tire une lettre de sa poche.)* Je n'ai pas apporté ceci pour vous faire souffrir. Mon intention était de vous la montrer s'il n'y avait pas moyen de vous ôter votre obsession.

MAMAN

Qu'est-ce que c'est ?

ANNE

Il m'a écrit juste avant de…

MAMAN

Tommy ?

ANNE, *tendant la lettre.*

Je n'ai pas voulu vous faire de la peine, Kate. C'est vous qui m'y forcez, n'oubliez pas cela… *(Maman lui arrache la lettre. Maman lit.)* J'ai eu un tel cafard, toute seule, Kate… Je ne pourrai plus repartir d'ici. *(Une longue, une interminable plainte monte de la gorge de Maman qui lit.)* Vous m'avez obligée à vous la montrer. Vous ne vouliez pas me croire. Je vous l'ai dit cent fois ; pourquoi ne m'avez-vous pas crue ?

MAMAN

Oh ! mon Dieu !

ANNE, *mue par la pitié et l'effroi.*

Kate, je vous en prie, je vous en prie...

MAMAN

Oh ! mon Dieu, mon Dieu...

ANNE

Oh ! Kate, si vous saviez combien j'ai de peine... *(Chris débouche de l'allée, il semble épuisé.)*

CHRIS

Qu'est-ce qu'il y a ?

ANNE

Rien, mon chéri. Où étais-tu passé ?... Tu as chaud. *(Maman ne bouge pas. À Chris.)* Où étais-tu ?

CHRIS

J'ai simplement été faire un tour à pied. Je te croyais partie.

ANNE

Où voulais-tu que j'aille ? Où pourrais-je aller d'ailleurs ?

CHRIS, *à Maman.*

Où est papa ?

ANNE

Dans la maison, il se repose.

(Maman a froissé la lettre dans ses mains crispées.)

CHRIS

Asseyez-vous. Vous allez écouter ce que j'ai à dire.

MAMAN

Chris…

CHRIS

Maman… je m'en vais. Pour de bon. *(À Anne seule.)* Je sais ce que tu penses, Anne, et c'est vrai. Je suis un lâche… C'est ici qu'on a fait de moi un lâche. Dans cette maison. Je soupçonnais mon père et je ne faisais rien. Si le soir, à mon retour, j'avais su ce que je sais, il serait en prison à l'heure qu'il est. C'est moi qui l'y aurais mené. Maintenant, quand je le regarde, je ne suis plus capable de faire autre chose que de pleurer.

MAMAN

Qu'est-ce que tu racontes ? Qu'est-ce que tu voudrais faire d'autre ?

CHRIS

Je pourrais l'envoyer en prison ! Oh ! tu peux me regarder avec tes yeux éplorés… Si j'étais un homme, je *devrais* l'envoyer en prison. Mais je suis comme tout le monde maintenant, pratique. C'est à vous que je dois cette belle métamorphose !

MAMAN

Il faut l'être.

CHRIS

Les chats de gouttière sont pratiques ; les types qui se défilaient pendant que les autres se faisaient casser la gueule étaient pratiques. Il n'y a que les morts qui ne l'étaient pas. Mais, maintenant, je suis devenu accommodant et je me vomis. Je m'en vais. Je pars tout de suite.

ANNE

Je pars avec toi.

CHRIS

Non, Annie, je ne pourrais pas.

ANNE

Je ne demande pas de faire quoi que ce soit contre Joe. Je te jure que jamais je n'en parlerai !

CHRIS

Oh ! si, au fond de ton cœur, un jour, tu aurais envie de me le demander !

ANNE

Non, emmène-moi, et fais ce que tu jugeras bon.

CHRIS

Mais quoi ? Qu'est-ce qu'on peut faire. Toute la nuit j'ai cherché en vain une raison valable de le punir.

ANNE

Il y en a, pourtant !

CHRIS

Lesquelles ? Est-ce que je ressusciterai les morts ? Mes morts à moi ? Mes amis, tous mes amis ? Alors ? Là-bas, quand un type se conduisait comme un salaud, on le fusillait, mais le mot « Honneur » avait une certaine signification. Ici, toutes les valeurs sont faussées. Ici, la règle n'est pas d'aimer son prochain, c'est de le bouffer. Voilà le premier, voilà le grand principe, le seul qui soit toujours observé. Il se trouve que cette fois il y a eu quelques victimes – une bagatelle, ça ! Le monde est ainsi fait, de quel droit le rendrais-je personnellement responsable ?

ANNE, *à Maman.*

Alors vous gardez le silence ? Prudemment, n'est-ce pas ? Vous le savez, vous, ce qu'il y a à faire ! Dites-le-lui !

MAMAN, *serrant plus fortement la lettre.*

Laissez-le s'en aller. *(Menaçante.)* Anne !

ANNE

Alors c'est moi qui le lui dirai !

(Keller réapparaît sur le seuil. Chris le voit, gravit les marches et passe devant lui sans s'arrêter.)

KELLER, *à bout, effondré.*

Qu'est-ce que tu as, bon Dieu ! *(Chris s'arrête et reste muet.)* Qu'est-ce que tu as ? *(Chris reste silencieux.)* Il faut que je te parle.

CHRIS

Tu n'as rien à me dire.

KELLER, *le poussant vers les marches.*

Je te dis que j'ai à te parler.

CHRIS

Finis, papa. Je vais te frapper, si tu ne t'arrêtes pas !

KELLER, *à voix basse, d'un ton rauque, fêlé.*

Descends.

CHRIS, *après un instant d'hésitation.*

Il n'y a rien à dire. Rien du tout.

(Chris descend la véranda. Alors Keller descend à son tour et passe devant lui.)

KELLER

Qu'est-ce qu'il y a au juste ? Ta belle morale mise à part, qu'est-ce qu'il y a ? Tu as trop d'argent ? C'est ce qui te gêne ?

CHRIS, *un rien de sarcasme dans la voix.*

Oui, ça me gêne.

KELLER

Eh bien ! c'est pas difficile ! Quand quelque chose vous gêne, ou bien on s'y fait, ou bien on s'en débarrasse. Si tu ne peux pas t'y faire, jette-le. Tu m'entends. Prends tout, jusqu'au dernier sou et donne-le aux bonnes œuvres, ou flanque-le à l'égout. Comme ça, la question sera réglée. À l'égout, un point c'est tout. *(Chris reste silencieux.)* Eh bien, qu'est-ce que tu as ? Tu crois que je plaisante ? Je te dis ce qu'il faut faire. Si c'est de l'argent malpropre, brûle-le. C'est ton argent, pas le mien. Moi, je suis mort, je suis un vieux bonhomme, je n'existe plus, je n'ai plus besoin de rien, je n'ai plus rien à moi ! Eh bien ! dis quelque chose ! Qu'est-ce que tu veux faire ?

CHRIS, *tremblant.*

Il ne s'agit pas de ce que je veux faire ; il s'agit de ce que toi, tu veux faire.

KELLER

Et, d'après toi, qu'est-ce que je devrais avoir envie de faire ? *(Chris reste muet.)* La prison ? Tu veux que j'aille en prison ? *(Les yeux de Chris se remplissent de larmes, mais il ne bronche pas. Keller est prêt à pleurer lui aussi.)* Pourquoi pleures-tu ? Si tu veux que j'aille en prison, dis-le ! Ne pleure pas ! Si c'est là ma place, dis-le-moi. *(Un temps.)* Qu'est-ce qui t'empêche de me le dire ? *(Rageusement.)* Au point où nous en sommes, va ! ça n'a plus d'importance. *(Un temps.)*

Mais je vais te le dire, moi, pourquoi tu ne veux pas. C'est parce que tu sais très bien que ma place n'est pas là-bas. Tu le sais ! *(Tout en parlant, il circule de-ci de-là, autour de Chris, d'un pas saccadé. S'échauffant peu à peu. Et farouchement d'un ton de l'homme qui n'a plus rien à perdre.)* Si mon argent est malpropre, alors il n'y a plus une pièce de cinq sous de propre dans toute l'Amérique ! Combien y en a-t-il qui ont travaillé à l'œil pendant la guerre ? Quand les autres travailleront à l'œil, j'en ferai autant. Est-ce qu'il y en a un seul qui ait expédié un fusil ou un camion sans en avoir obtenu d'abord son prix ? Rien n'est propre là-dedans. Si je vais en prison, alors c'est tout le foutu pays qu'on doit mettre derrière les barreaux ! Voilà pourquoi tu ne peux pas me dire ça !

CHRIS

C'est exactement cela.

KELLER

Mais alors… en quoi suis-je pire que les autres ?

CHRIS

Je n'ai pas dit cela. Je sais que tu n'es pas pire que les autres. Mais je te croyais meilleur. Pour moi, tu n'étais pas *un homme*, tu étais *mon père. (Frôlant la crise de nerfs.)* Je ne peux pas supporter de te voir comme tu es, et je ne pourrai plus me supporter moi-même.

(Il se détourne vivement et se dirige vers les marches. À ce moment, Anne s'approche de Maman, lui arrache la lettre des mains et court vers Chris. Instantanément, Maman se précipite et essaie de lui barrer le passage.)

MAMAN

Donne-moi cette lettre !

ANNE

Je veux qu'il la lise !

(Elle échappe à Maman et met la lettre dans la main de Chris, tandis que...)

MAMAN, *cherchant à l'arracher des mains de Chris.*

Donne-la-moi, Chris ! Donne-la-moi !

CHRIS, *les regarde tour à tour, tenant la lettre serrée dans sa main.*

Qu'est-ce ?

ANNE

Tommy, il m'a écrit le jour de sa mort...

CHRIS

Tommy ?

MAMAN

Chris, ce n'est pas pour toi. Rends-la-moi, je t'en supplie. *(Il détache les doigts de sa mère qui lui enserraient le poignet. Maman, épouvantée en le voyant lire, s'écarte de lui à reculons.)* Joe...

KELLER, *intrigué, effrayé.*

Qu'est-ce qu'elle a dit à propos de Tommy ?... Qu'est-ce...

MAMAN

Chris, je t'en supplie... *(De toute son âme.)* Ne lui dis pas, Chris.

CHRIS, *implacablement, calmement, entre ses dents, à son père.*

Trois ans et demi que tu parles... que tu parles... que tu parles !... Maintenant, c'est le moment ou jamais de parler ! De me dire ce qui te reste à faire... Voilà pourquoi il est mort. Maintenant, dis-moi où est ta place ?

KELLER, *reculant, mortellement inquiet.*

On ne peut pas demander à un homme d'être un saint en ce monde !

CHRIS

Le monde ! Le monde ! Ne parlons pas du monde. Je connais l'antienne. Écoute-moi seulement ; *après*, tu me diras ce qu'on peut demander à un homme. *(Il lit.)* « Ma chère Anne... » Tu m'écoutes ? Il a écrit cela le jour de sa mort. Inutile de pleurer... Écoute. « Ma chère Anne, je suis incapable de trouver les mots pour exprimer ce que je ressens. Mais il faut que je te dise quelque chose. Hier, la poste aérienne nous a amené un paquet de journaux et j'ai appris que mon père et le tien avaient été condamnés. Je ne peux pas te dire ce que j'éprouve. Je n'ai plus le courage d'affronter mes camarades, je n'ai plus le courage de vivre. La nuit dernière, j'ai survolé notre base pendant vingt minutes avant de me décider à atterrir. Comment a-t-il pu faire une chose pareille ? Tous les jours, à l'escadrille, on raye trois ou quatre noms de la liste des pilotes, et lui, assis là-bas dans son bureau, il faisait des affaires. Je ne pourrai plus jamais regarder quelqu'un en face… Je ne sais comment t'expliquer ce qui se passe en moi… Dans quelques minutes, je pars en mission. Je serai probablement porté disparu. Quand la nouvelle vous parviendra, je veux que tu saches qu'il est inutile de m'attendre, Anne, c'est terrible : si je tenais mon père là, maintenant, je le tuerais. » *(Keller lui arrache la lettre et la lit. Après un long silence.)* Et, maintenant, rejette la faute sur le monde.

(Un temps.)

KELLER, *d'une voix presque inaudible, les yeux vides.*

Va me chercher la voiture, je vais mettre mon veston.

(Il fait un demi-tour et chancelle. Maman lui tend les bras pour le soutenir.)

MAMAN, *désespérée, suppliante.*

Joe…

KELLER, *complètement dégoûté de lui-même.*

Non, laissez-moi, je veux m'en aller. Je suis navré.

MAMAN

Je sais, mon chéri, je sais. Tu ne vas aller nulle part. Attends. Repose-toi.

KELLER

Non, non. *(Il s'apprête à gravir les marches.)*

MAMAN

Qu'est-ce que tu fais, voyons ? Tommy était ton fils aussi, non ? Tommy n'aurait jamais voulu que tu ailles en prison ! Jamais, j'en suis sûre.

KELLER

Tu en es sûre ? Mais, Kate, la lettre est un ordre. Tu n'as pas entendu. *(Montrant la lettre dans la main de Chris.)* Pourquoi aurait-il fait ça ? Bien sûr, Tommy était mon fils, mais je commence à penser qu'ils étaient *tous* mes fils, Kate. Tommy, Chris et tous les autres. Tous mes fils. Tous. *(Il attend quelques secondes, puis il l'embrasse. Se tournant vers Chris.)* Je redescends à l'instant. *(Il fait demi-tour et pénètre dans la maison.)*

MAMAN, à *Chris.*

Si tu lui dis de rester, il t'écoutera. Va le trouver. Empêche-le de partir.

CHRIS

Il faut qu'il y aille, maman.

MAMAN

Vous êtes devenus fous, tous les deux ? *(Elle presse Chris d'entrer dans la maison.)* Dis-lui de se reposer.

CHRIS

Non.

MAMAN

Mais, doux Jésus, qu'est-ce que cela arrangera qu'il aille là-bas ?

CHRIS

Je croyais que tu avais lu ceci ?

(Il lui montre la lettre.)

MAMAN

La guerre est finie, on ne te l'a pas dit ? Finie !

CHRIS

Alors qu'est-ce qu'il était pour toi, Tommy ? Une pierre bonne à jeter à l'eau ? Il ne suffit pas d'être navré. Ce n'est pas pour que papa et toi soyez navrés que Tommy s'est tué !

MAMAN

Qu'est-ce que tu veux que nous soyons ?

CHRIS, *de toute son énergie.*

Meilleurs. Que vous compreniez maintenant une fois pour toutes que le monde entier est là de l'autre côté de ce mur. Qu'il y a un univers là et que vous en êtes responsables tous vis-à-vis de tous. Autrement, dites-vous bien que vous avez sacrifié votre fils pour rien. Parce que c'est pour cette idée qu'il est mort ! Il faut qu'il aille en prison, et je vais…

(Une détonation retentit dans la maison. La secousse les fait sursauter.)

MAMAN

Va chercher Jim ! *(Il se précipite à l'intérieur. Anne sort et court vers la maison de Jim. Maman n'a pas bougé. Elle se tourne vers la maison.)* Joe… Joe… Joe…

(Chris sort de la maison.)

CHRIS, *désolé.*

Maman…

MAMAN

Chut… Ça devait arriver. Il y a longtemps que je le savais… je l'attendais. *(Chris s'approche d'elle, on sent qu'il voudrait lui dire quelque chose. En pleurant elle l'étreint.)* Maintenant oublie. Vis. *(Chris laisse échapper un sanglot.)*… Chut !. .

(Elle pénètre dans la maison. Il redresse le buste et, pendant que le rideau tombe, il fait un demi-tour et gravit lentement les marches du perron.)

RIDEAU

pavillons poche

Titres parus

Peter Ackroyd
Un puritain au paradis

Woody Allen
Destins tordus

Margaret Atwood
La Servante écarlate
Faire surface
La Femme comestible
Mort en lisière
Œil de chat

Nicholson Baker
À servir chambré
La Mezzanine

Robert Benchley
Le Supplice des week-ends

William Peter Blatty
L'Exorciste

Jorge Luis Borges, Adolfo Bioy Casares
Chroniques de Bustos Domecq
Six problèmes pour Don Isidro Parodi

Mikhaïl Boulgakov
Le Maître et Marguerite
Le Roman théâtral

Vitaliano Brancati
Le Bel Antonio

Anthony Burgess
L'Orange mécanique
Le Testament de l'orange

Dino Buzzati
Bestiaire magique
Le régiment part à l'aube
Nous sommes au regret de...
En ce moment précis

Upamanyu Chatterjee
Les Après-midi d'un fonctionnaire très déjanté

Michael Chabon
Les Mystères de Pittsburgh
Les Loups-garous dans leur jeunesse

John Collier
Le Mari de la guenon

Avery Corman
Kramer contre Kramer

Helen DeWitt
Le Dernier Samouraï

Joan Didion
Maria avec et sans rien
Un livre de raison

Roddy Doyle
La Femme qui se cognait dans les portes
The Commitments
The Snapper
The Van

E. L. Doctorow
Ragtime

Lawrence Durrell
Affaires urgentes

F. Scott Fitzgerald
Un diamant gros comme le Ritz

Zelda Fitzgerald
Accordez-moi cette valse

Carlo Fruttero
Des femmes bien informées

Carlo Fruttero et *Franco Lucentini*
L'Amant sans domicile fixe

Graham Greene
Les Comédiens
La Saison des pluies
Le Capitaine et l'Ennemi
Rocher de Brighton
Dr Fischer de Genève
Tueur à gages

Bohumil Hrabal
Une trop bruyante solitude
Moi qui ai servi le roi d'Angleterre

Kent Haruf
Colorado Blues

Jerry Hopkins et *Daniel Sugerman*
Personne ne sortira d'ici vivant

John Kennedy Toole
La Bible de néon

Pa Kin
Le Jardin du repos

Janusz Korczak
Journal du ghetto

Jaan Kross
Le Fou du Tzar

John Lennon
En flagrant délire

Siegfried Lenz
La Leçon d'allemand
Le Dernier Bateau

Ira Levin
Le Fils de Rosemary
Rosemary's Baby

Norman Mailer
Le Chant du bourreau
Bivouac sur la Lune

Les Vrais Durs ne dansent pas
Mémoires imaginaires de Marilyn

Dacia Maraini
La Vie silencieuse de Marianna Ucrìa

Guillermo Martínez
Mathématique du crime
La Mort lente de Luciana B

Somerset Maugham
Les Trois Grosses Dames d'Antibes
Madame la Colonelle
Mr Ashenden, agent secret
Les Quatre Hollandais

Arthur Miller
Les Sorcières de Salem
Mort d'un commis voyageur
Les Misfits
Focus

Vítězslav Nezval
Valérie ou la Semaine des merveilles

Geoff Nicholson
Comment j'ai raté mes vacances

Joseph O'Connor
À l'irlandaise

Mario Puzo
Le Parrain

Mario Rigoni Stern
Les Saisons de Giacomo

Saki
Le Cheval impossible
L'Insupportable Bassington

J. D. Salinger
Dressez haut la poutre maîtresse, charpentiers, *suivi de* Seymour, une introduction
Franny et Zooey

Roberto Saviano
Le Contraire de la mort (bilingue)

Sam Shepard
Balades au paradis

Johannes Mario Simmel
On n'a pas toujours du caviar

Alexandre Soljenitsyne
Le Premier Cercle
Zacharie l'Escarcelle
La Maison de Matriona
Une journée d'Ivan Denissovitch
Le Pavillon des cancéreux

Quentin Tarantino
Inglourious Basterds

James Thurber
La Vie secrète de Walter Mitty

John Updike
Jour de fête à l'hospice

Alice Walker
La Couleur pourpre

Evelyn Waugh
Retour à Brideshead
Grandeur et décadence
Le Cher Disparu
Scoop
Une poignée de cendres
Ces corps vils

Tennessee Williams
Le Boxeur manchot
Sucre d'orge
Le Poulet tueur et la folle honteuse

Tom Wolfe
Embuscade à Fort Bragg

Richard Yates
La Fenêtre panoramique
Onze histoires de solitude

Composé par Nord Compo Multimédia
7, rue de Fives, 59650 Villeneuve-d'Ascq

Cet ouvrage a été imprimé
en janvier 2012 par

CPI

FIRMIN-DIDOT

27650 Mesnil-sur-l'Estrée
N° d'édition : 52077/01
N° d'impression : 108727
Dépôt légal : février 2012

Imprimé en France